いちばんくわしい

基本のおせち料理

荒木典子

はじめに

子供の頃、大晦日の夜に用意された重箱やお椀、家族の名前が書かれた祝い箸を見て、明日起きたら新しい年なんだ！という清々しい気持ちで眠りについたものです。

日本人にとって大切な行事である〝お正月〟にいただくおせちは、皆が健康に幸せに暮らしていけるようにとの願いがこもったものばかり。

最近はおせちを作る方も減ってきましたが、一年の締めくくりに家族や大切な方々の幸せを願って料理を作ることはいいものです。私の料理教室では年末におせち料理教室を開催していますが、一度参加なさった方々は翌年からは手作りのおせちを作っていらっしゃいます。手間をかけて作った手作りのおせちのおいしさは格別です。

おせち料理は難しく特別なものだと思われがちですが、普段の家庭料理の延長です。食材を揃えるところからが始まりですので、計画を立てて余裕を持って作ってください。そして普段よりも丁寧に下ごしらえをして食材に向き合いましょう。使ったことのない食材もあるかと思いますが、手順を追って取り組めば大丈夫です。

最初から一人で全部作ろうと思う必要はありません。まずは祝い肴から、もしくは好きなものから作り始めてみてください。毎年少しずつ種類を増やしていき、時間をかけて「おうちのおせち」を作ってください。

この本では、オーソドックスなおせち料理をわかりやすく紹介しています。最初はうまくできないものもあるかもしれませんが、どうぞ作り続けてください。この本をあなたのおせち作りの相棒として役立てていただけますように。

荒木典子

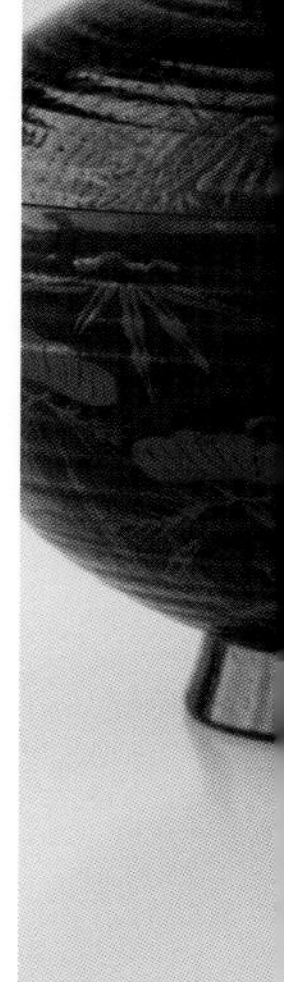

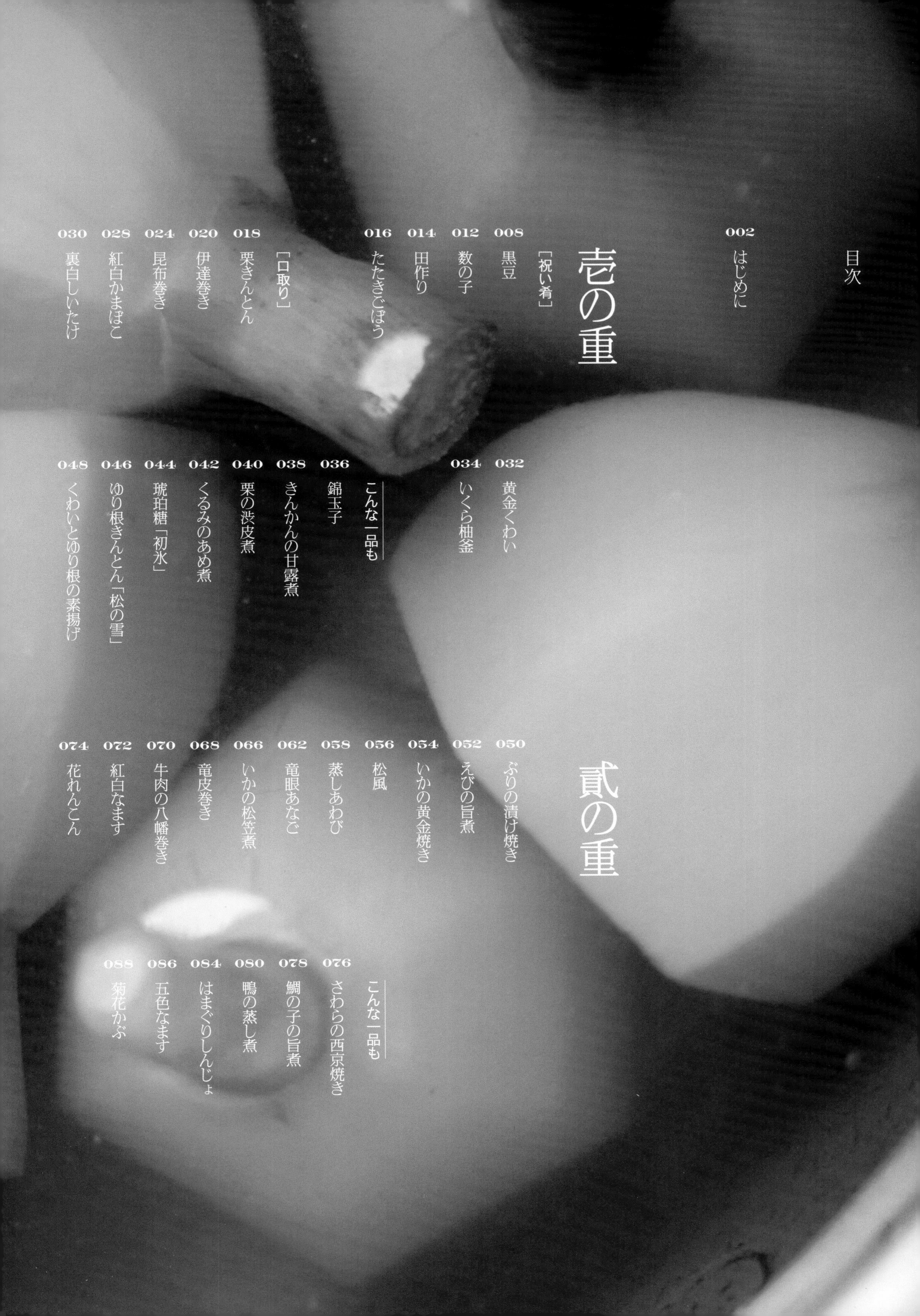

目次

参の重

祝いの料理

[この本の使い方]

材料表について

•計量単位は、小さじ1＝5㎖、大さじ1＝15㎖、1カップ＝200㎖、1合＝180㎖です。•適量は好みで加減してちょうどよい量を入れる、適宜は好みで入れなくてもよい、という意味です。•だしは、昆布と削り節でとったものです。市販のだしの素などを使う場合は、塩分が含まれていることがあるので、味を見て調整してください。できれば、食塩不使用のものをおすすめします。•調味料類は、特に指定がない場合、しょうゆは濃口しょうゆ、砂糖は上白糖、酒は清酒、みりんは本みりん、こしょうは白こしょうを使っています。塩は天然のにがりを含む塩をおすすめします。•サラダ油は、米油、菜種油、太白ごま油など、好みのものを使ってください。

作り方について

•野菜類などは、特に記載がない場合、洗う、皮をむくなどの作業をすませてからの手順を説明しています。•フライパンは、原則としてフッ素樹脂加工のものを使用しています。•火加減は、特に表記のないものは中火で調理してください。•電子レンジは出力600Wのものを使用しています。500Wの場合は1.2倍、700Wは0.8倍の時間を目安に加熱してください。•鍋やコンロ、魚焼きグリルにはそれぞれくせや特徴があるので、火加減や加熱時間は状態を見ながら調整してください。•でき上がり写真は盛りつけ例です。材料量の分量と異なることがあるのでご注意ください。•調味料は製品によって食味に違いがあるので、必ず味見をして仕上げてください。

壱の重

「祝い肴」と「口取り」で華やかに。

壱の重　祝い肴

黒豆

真っ黒に日焼けするなるほど「まめ（勤勉）」に働き、「まめ（健康）」に暮らせるようにという語呂合わせに、「黒」を邪気を祓う魔除けの色として尊重する道教の思想が結びついた縁起物。年の初めに黒い豆を食べることで一年の厄を祓い、新しい年の無病息災を願う。

熱い煮汁に
黒豆を入れ、
そのままひと晩
おいて戻す。

丁寧にアクを
取ることで、
すっきりとした
味に仕上がる。

◯黒豆の選び方

粒揃いがよくつやがあり、傷や割れがないものを選ぶ。兵庫県・丹波地方発祥の「丹波黒」は大粒で味もよく、良質とされている。「新豆」は、やわらかくて煮上がりが早くアクも少ないが割れやすい。前年に収穫した「ひね豆」は、水分が少ない分、煮上がりに時間がかかりアクも強いが、豆の味は濃厚で割れにくい。

◯保存

保存容器に煮汁に浸かる状態で入れ、冷蔵で1週間ほど。その後、煮汁ごと再加熱すると、さらに1週間ほど保存できる。

《材料》作りやすい分量

黒豆（乾燥・新豆）…200g

煮汁

- 水…1.2ℓ
- 砂糖…180g
- しょうゆ…大さじ1
- 塩…小さじ⅓

《下準備》

- 黒豆は割れているものや皮の破れたもの、虫食いがあれば取り除き、さっと洗って水気をきる。

《作り方》

① ［黒豆を煮汁で戻す］
蓋付きの鍋に煮汁の材料を入れて強火にかけ、煮立ったら火を止めて煮汁が熱いうちに黒豆を加え、そのままひと晩（8時間以上）おいて戻す。戻した黒豆は元の大きさの2～3倍になる。

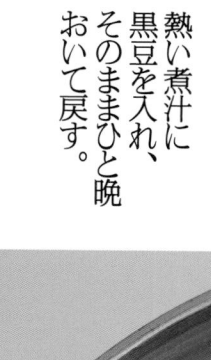

二重蓋をして、
ごく弱い火で
じんわりと煮る。

縦につまみ、
軽い力で
潰れるようなら
煮上がり。

［煮る］

② 1を強火で煮立て、表面に浮いてきた泡とアクを丁寧にすくい取る。

③ アクがおさまったら落とし蓋と鍋蓋をし、煮汁の表面がゆらゆらと動くくらいのごく弱火で6〜8時間ほど煮る。

［味を含ませる］

④ 煮汁がひたひたくらいに減り、黒豆を親指と中指で縦につまみ、軽く押して潰れるくらいにやわらかくなれば煮上がり。火を止めてそのままひと晩おいて冷まし、味を含ませる。

覚書き

黒豆を煮汁で戻す

- 豆の黒い色を出すためにさびた鉄釘や市販の鉄材などを入れて煮ることが多いが、使わずに煮ても色が抜けることはなく、十分きれいな黒豆になる。

煮る

- 煮汁の中で豆が踊るような状態だと皮が破れてしまうので、火加減には十分注意する。蓋をすると鍋中の温度が上がるので、ときどき様子を見て、鍋蓋をずらすなどして煮汁の温度を調整する。
- 煮ている間に豆が空気に触れるとシワができやすくなるので、豆が煮汁から出てしまうようなら湯を少しずつ足す。
- 一気に6〜8時間煮る時間が取れなければ、3〜4時間煮て、翌日続きを煮るなど、時間を分けてもよい。
- 6〜8時間煮て煮汁がまだ多いときは、さらに1〜2時間煮る。

味を含ませる

- 煮上がりの確認は、親指と人差し指だと力が入りすぎるので親指と中指で潰す。
- 冷めると豆は少しかたくなるので、食べてみてかたければ1時間ほど再加熱する。

壱の重　祝い肴

数の子

にしんの卵巣である数の子は、一腹に多くの卵を持ち、さらに二親（にしん）と漢字を当てることで「二親（両親）からたくさんの子どもが生まれる」とされ、子宝や子孫繁栄の縁起物として用いられる。かつてにしんは「かどいわし」とも呼ばれ、その腹子「かどの子」が転じて「かずのこ」と呼ばれるようになったといわれている。

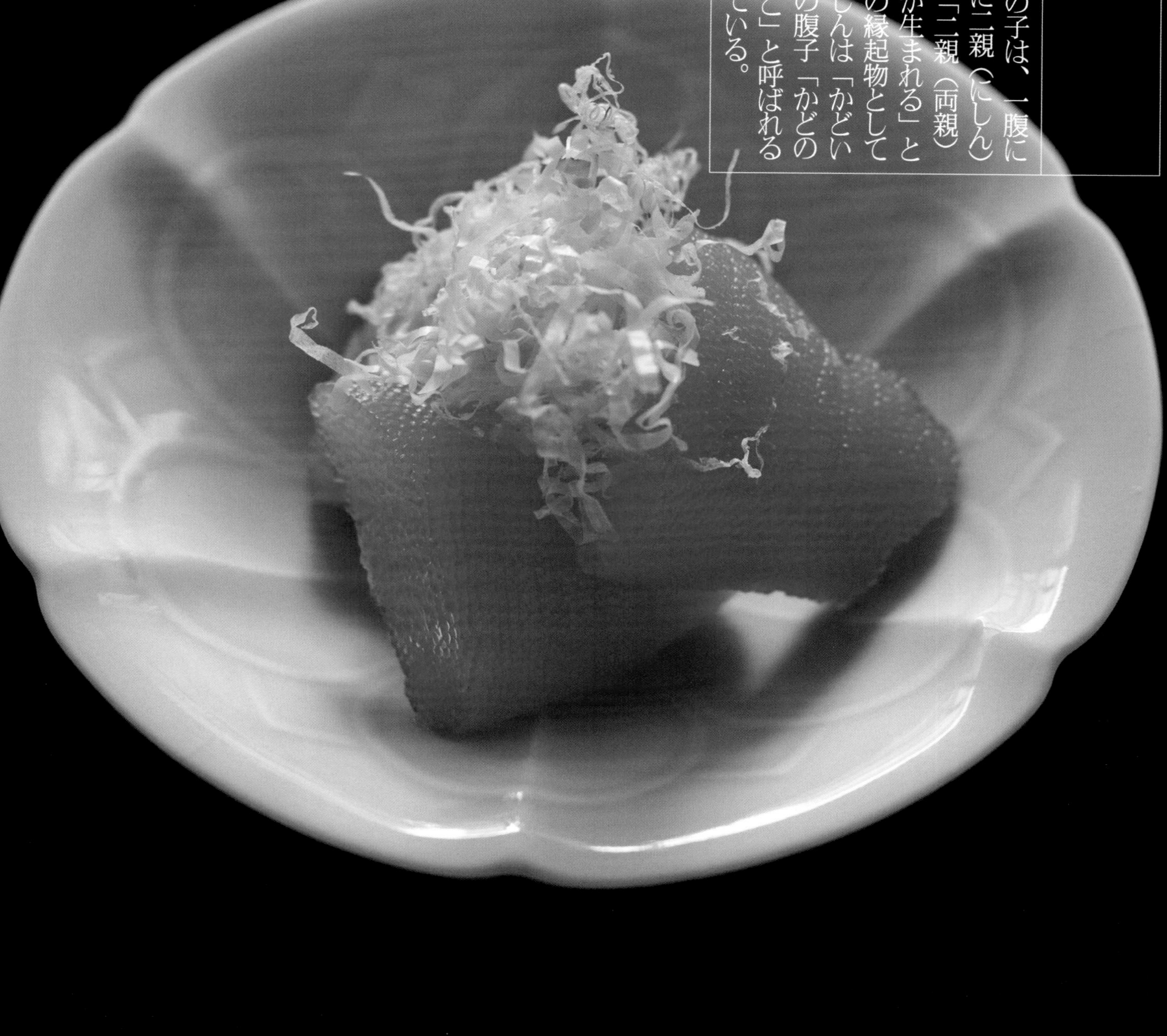

◯数の子の選び方

塩漬けにした塩数の子と、天日でかちかちに乾燥させた干し数の子がある。一般的なのは塩数の子で、ほとんどがカナダ、アラスカなどからの輸入品。その中で、カナダ太平洋産は歯応えがよく評価が高い。鮮やかな黄色で透明感があり、肉厚で張りのあるものが良質。希少な干し数の子は、米のとぎ汁（または濃い塩水）で4～5日かけて戻す。

◯保存

保存容器に漬け汁に浸かる状態で入れ、冷蔵で4日ほど。

《材料》作りやすい分量

塩数の子…300g（小12～15本）
塩水
- 水…5カップ
- 塩（粗塩）…小さじ1

漬け汁
- だし…200㎖
- 薄口しょうゆ…大さじ2½
- 酒…大さじ2
- みりん…大さじ1

削り節（かつお）…適量
糸がつお…適宜

《作り方》

［塩抜きをする］
① 容器に塩水を作って塩数の子を浸け、半日～1日かけて塩抜きをする。
② 端を折って食べてみて、少し塩気が残る程度に塩を抜く。

［薄皮を取る］
③ 表面の白い薄皮を丁寧に取り除く。きれいに取れたら水洗いし、水気を拭き取る。

［漬け汁に漬ける］
④ 鍋に漬け汁の材料を合わせて中火にかけ、ひと煮立ちしたら火を止め、保存容器などに移して冷ます。
⑤ **4**に**3**を浸し、ガーゼをかぶせてその上に削り節を覆うようにのせ、蓋をして冷蔵庫で1～2日漬ける。盛りつけるときにひと口大に切り、好みで糸がつおをのせる。

覚書き

塩抜きをする
- 真水より塩水の方が早く戻せる。
- 途中、2～3回新しい塩水に替える。
- 塩を抜きすぎると苦みが出たり味がぼやけたりするので、パッケージに記された時間を目安に、必ず味見をしながら塩抜きをする。
- 塩を抜きすぎた場合は、塩水に塩を加えて濃くし、2時間ほどおくとよい。

薄皮を取る
- くし目と呼ばれる割れ目に向かって、親指の腹で軽くこするようにして薄皮を端に寄せていくと取りやすい。薄皮が素手でつかみにくい場合は、厚手のキッチンペーパーでこすり取るとよい。
- くし目に残った薄皮には竹串を使う。

べっこう色の干し数の子、黄金色の塩数の子。

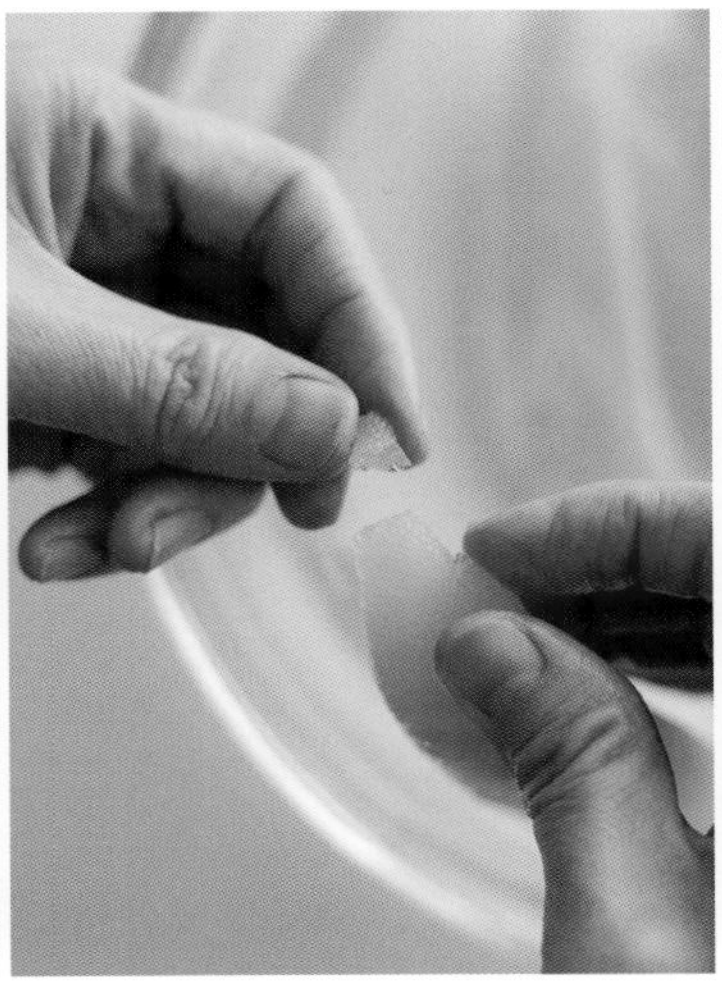
塩抜き加減は、食べてみて確認する。

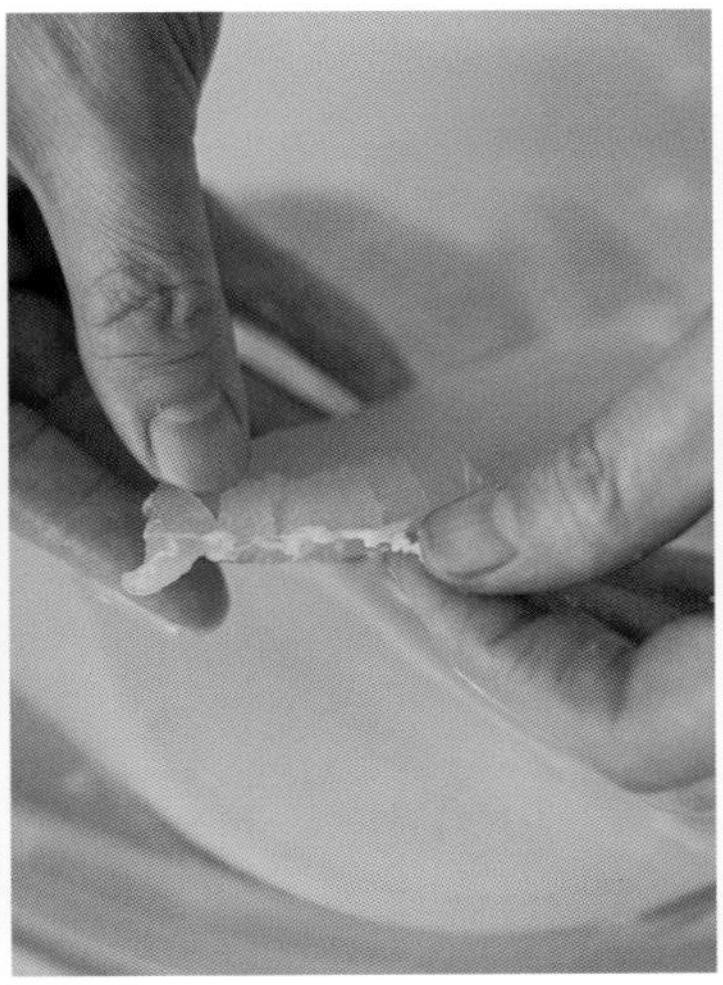
薄皮を、身を崩さないように丁寧に取り除く。

漬け汁に浸し、味を十分に含ませる。

壱の重　祝い肴

田作り

その昔、ごまめを田畑の肥料に使ったところ大豊作になったことから、豊作祈願の意味を込めて「田作り」と呼ばれるようになった。また、「まめ（健康）」にも通じるごまめは「五万米」とも書き、五穀豊穣を願う縁起物となっている。小さくても尾頭付きの完全な姿であることから、終わりまでまっとうするという意味も加わり、よい一年を送れるようにとの願いも込められている。

カサカサとした感じになるまでいる。

細かいカスを除くひと手間で、仕上がりに違いが出る。

汁気がほとんどなくなるまでからめる。

頭を左、腹を手前にして5〜6本を塊にして盛る。

◯ごまめの選び方

かたくちいわしの稚魚を素干しにしたもの。加熱していないので目は黒いまま（煮干しは塩水で煮てから乾燥させるので目が白い）。3〜4㎝くらいの小ぶりで、背が青く腹側が銀色に輝いているものが良質。頭や尾が欠けていたり、表面が脂焼けして茶褐色になっているものは避ける。

◯保存

保存容器に広げた状態で入れ、冷蔵で10日ほど。

《材料》作りやすい分量

ごまめ…50g

A
- 酒…大さじ3
- みりん…大さじ2
- 砂糖…大さじ1
- しょうゆ…大さじ1弱

《作り方》

［からいりする］

① フライパンにごまめを入れ、焦がさないように弱火で10分ほどじっくりとからいりして水分をとばす。

② カリカリとして香ばしくなってきたら、1本取り出していり加減をチェックする。少し冷まし、手でポキッと折れるくらいになればいり上がり。火を止めてバットなどに取り出す。

③ いり終えたごまめを適量ずつ手ですくってバットの上で軽く振り、細かいカス（ごまめの皮やひれなど）を落とし、別のバットに移す。

［調味液をからめる］

④ フライパンを洗って拭き、Aを合わせて弱火にかける。細かい泡が立ち、煮詰まって少しとろりとしてきたら3を一気に加え、手早くからめる。

⑤ バットなどにクッキングシートを敷き、4をなるべく重ならないように広げて冷ます。

覚書き

からいりする
- 鍋を振ったり、菜箸や木べらを使うより、手でやさしく返しながらいる方が、ごまめのひれや皮が崩れたり破けたりするのを防げる。また、手を使うことでごまめの状態も知ることができる。ただし、多少慣れも必要で、初めてだと火傷の恐れもあるので、難しければ菜箸などで混ぜながらいればよい。
- いり始めて10分ほどすると、ごまめを返す際の音がカサカサと乾いた音に変わり、香ばしい香りも立ってくる。この状態になったら1本折ってみる。
- いり加減で田作りの味が決まる。しっかり水分をとばすことで生臭さが消え、歯応えもよくなる。
- ごまめに混ざった細かなカスを取り除くことで、見た目や舌触りなど仕上がりに違いが出る。

調味液をからめる
- とろみがつき、細かい泡が煮汁に残るようになったらごまめを加える。
- ごまめを折らないように、注意してからめる。
- きれいに整えて盛りつける場合は、冷める前に箸先にサラダ油を付けた菜箸で、1本ずつ頭左腹手前で並べ重ねる。

壱の重　祝い肴

たたきごぼう

細く長いごぼうは長寿や堅実な暮らしの象徴として、さらに、地中深くしっかり根を張ることから家の基礎が頑丈であること、家業が堅固になることを願って食される。関西では田作りの代わりに黒豆、数の子と合わせて「祝い肴三種」とされる。

◯ごぼうの選び方

泥を落とすと風味が落ちるので、なるべく泥付きを選ぶ。直径1.5～2㎝くらいの太さで、まっすぐ伸びて弾力があり、ひげ根の少ないものが良品。極端に太いもの、表面に割れや黒ずみがあるもの、先端がしおれているものは避ける。

◯保存

保存容器に入れ、冷蔵で4日ほど。

《材料》作りやすい分量

ごぼう…1本（200g）
酢…大さじ1
いり白ごま…20g
A
- 米酢…大さじ2
- 砂糖…大さじ2
- 薄口しょうゆ…大さじ1

《作り方》

［ごまだれを作る］

① フライパンにいり白ごまを入れて弱火にかけ、フライパンを絶えず揺すりながらからいりする。パチパチとはじける音がして、香ばしい香りが立ってきたら火から下ろし、すり鉢に移す。

② すりこ木でごまの粒が少し残るくらいの半ずりにし、**A**を加えて混ぜ合わせる。

［ごぼうをたたく］

③ ごぼうはたわしでこすり洗いし、縦半分に切って、すりこ木などで軽くまんべんなくたたく。

④ **3**を適当な長さに切り揃える。

⑤ **4**を太さに応じて放射状に縦2～3等分に切り、白くふわふわとした芯の部分を切り落とす。

［ごぼうをゆでる］

⑥ 鍋に湯を沸かして酢を加え、**5**を入れて好みの歯応えになるまでゆでる。ざるに上げて水気をきる。

［和える］

⑦ **2**に**6**を熱いうちに加えて和え、そのまま冷まして味をなじませる。

覚書き

ごぼうをたたく
- 繊維を崩して味の含みをよくする。ごぼうが潰れない程度に表面をたたく。
- 切り出す長さは、重箱の寸法（五寸：約15㎝、六寸：約18㎝）の1/3を目安にするとよい。
- 長さをきちんと揃えて切ることで、きれいに盛りつけることができる。
- 芯の部分は食感が悪いので取り除く。

ごぼうをゆでる
- 2分を目安に、適度に歯応えが残るくらいにゆでるとよい。ゆですぎると歯応えがなくなるので注意する。

泥付きは洗いごぼうより風味がよい。

いりごまは、軽くいり直すと香りが際立つ。

身割れさせて味の染み込みをよくする。

芯の部分を切り取り、歯切れのよさを生かす。

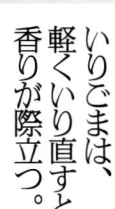

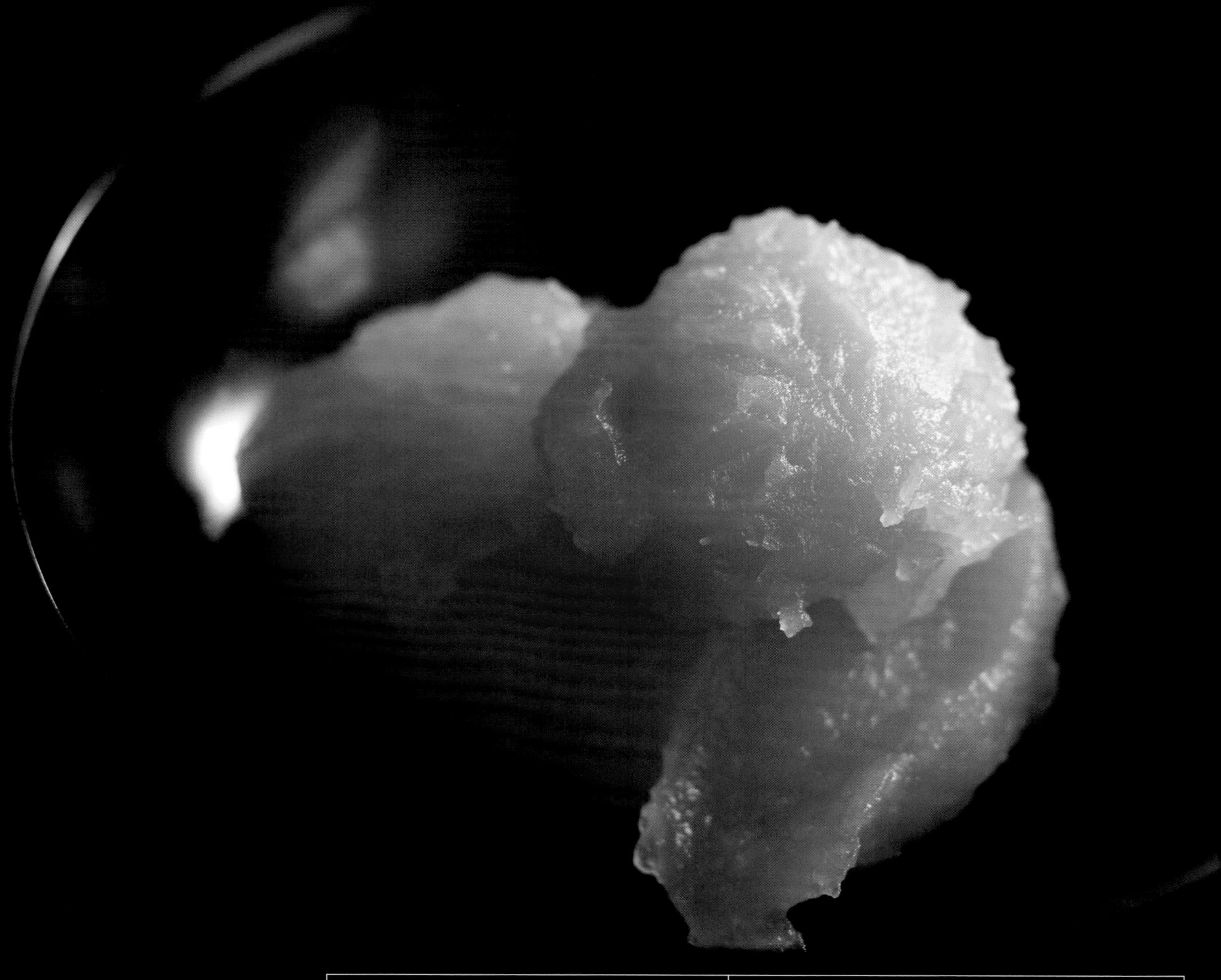

壱の重　口取り

栗きんとん

中国から伝わった蒸しいもを金箔で包んだ「金飩（こんとん）」という料理が、練り潰した蒸しいもに砂糖などを加えたお菓子に変化し、それが金色をした団子だったことから「金団（きんとん）」と呼ばれるようになったといわれている。転じて、黄金色に輝くきんとんは金銀財宝に例えられ、金運を呼ぶ縁起物とされている。

くちなしの実は殻を砕いて使う。

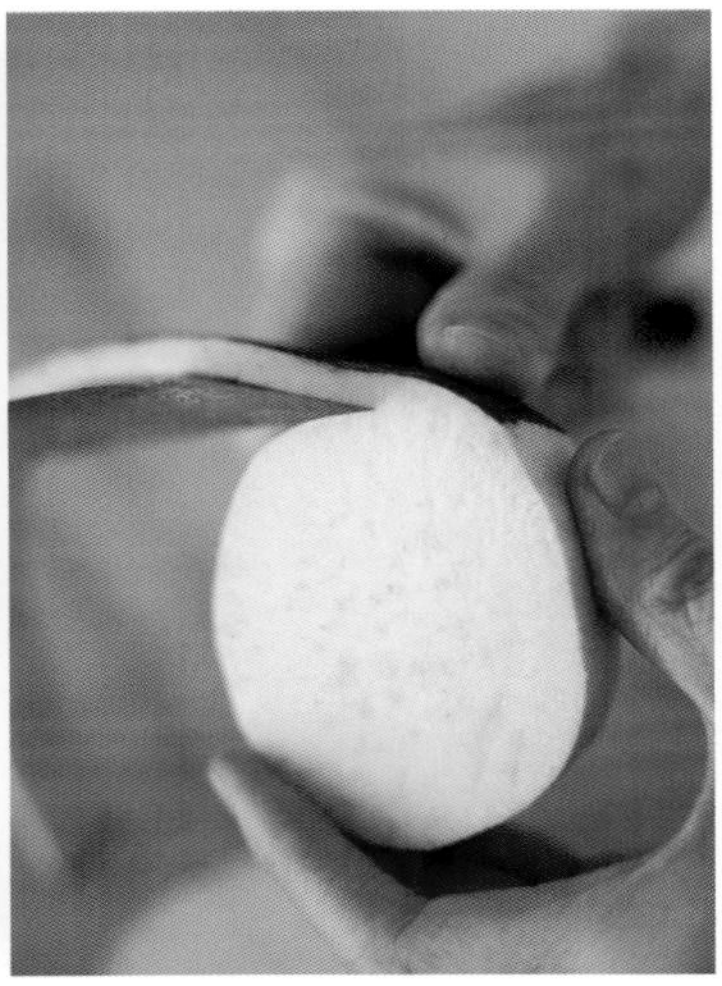
皮の近くは繊維が多くアクも強いので厚くむく。

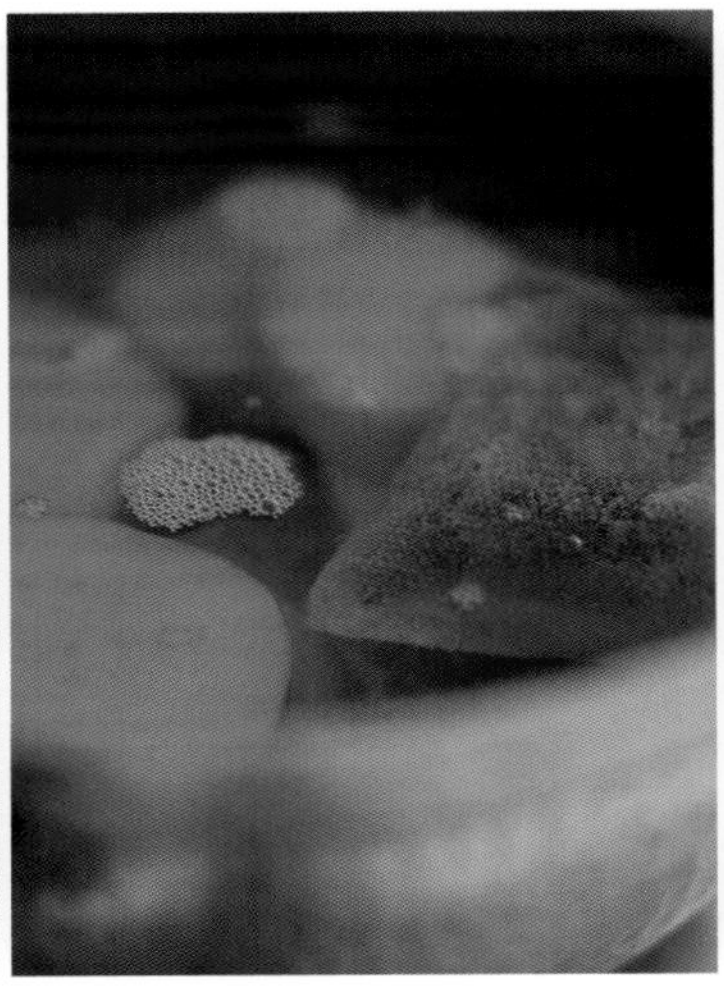
くちなしの実でさつまいもを黄色く染める。

熱いうちに手早く裏ごしする。

◯くちなしの実の選び方

赤黄色に熟したくちなしの実を乾燥させたもの。おせち料理に欠かせない黄金色の素となる天然の着色料で、水に浸すだけで鮮やかな黄色の水が取れる。よく乾燥した形のよいものを選ぶ。

◯保存

保存容器に入れ、冷蔵で1週間ほど。

《材料》作りやすい分量

- さつまいも…500g（正味約350g）
- くちなしの実…2個
- 砂糖…100g
- 栗の甘露煮…10個
- A
  - 栗の甘露煮のシロップ…80㎖
  - みりん…大さじ2
  - 水…大さじ2
  - 塩…ひとつまみ
  - レモン汁…大さじ1

《作り方》

［さつまいもをゆでる］

① さつまいもは3㎝厚さの輪切りにし、厚めに皮をむく。たっぷりの水に5時間ほど浸けてアクを抜く。水は途中で2〜3回替える。

② くちなしの実は色が出やすいように、ペンチ（または包丁の腹、麺棒など）で殻を砕き、お茶用パックに入れる。

③ 1の水気をきって鍋に入れ、かぶるくらいの水を注いで強火にかける。ひと煮立ちしたら湯をきる。

④ 再びかぶるくらいの水を注いで2を入れて強火にかけ、沸騰したら中火にしてゆでる。さつまいもが黄色に染まり、竹串がスッと通るくらいにやわらかくなったら湯をきる。

［裏ごしする］

⑤ さつまいもが熱いうちに裏ごしする。

［調味料を加えて練る］

⑥ 裏ごししたさつまいもを鍋に戻し、砂糖を加えてよく混ぜる。

⑦ 6にAを加えて混ぜ合わせ、弱めの中火にかける。ふつふつとするくらいの火加減で、つやが出てぽってりとするまで木べらで8分ほど練る。

［栗を加える］

⑧ 栗の甘露煮を加えて煮る。栗が十分に熱くなったらバットに広げ、粗熱が取れたら乾燥しないようにかたく絞ったぬれ布巾をかけて冷ます。

覚書き

さつまいもをゆでる
- 皮は内側にある白い筋の部分までむく。

裏ごしする
- かたく絞ったぬれ布巾を広げ、その上に受け皿をおいて裏ごし器をかぶせる。
- 裏ごし器の上にさつまいもを少しずつのせ、木べらで押し潰しながら手前に引いて裏ごしする。

調味料を加えて練る
- 煮立ってくると熱くなったきんとんがはねるので注意する。
- 木べらで混ぜたとき、鍋底に跡が残るくらいまで煮詰める。

栗を加える
- きんとんは冷めるとかたくなるので、少しやわらかめで火を止める。

伊達巻き

壱の重　口取り

戦国武将随一の洒落者、伊達政宗が好んだとされる卵焼き。黄金色の華やかな見た目と、砂糖やすり身をふんだんに使ったぜいたくな味は、まさに伊達もの。その形状が知識や文化を象徴する巻き物に似ていることから、学問や習い事の成就を願う縁起物ともいわれる。お重には、「エネルギーを取り込む」とされる右巻きで詰める。

（ 伊達巻き ）

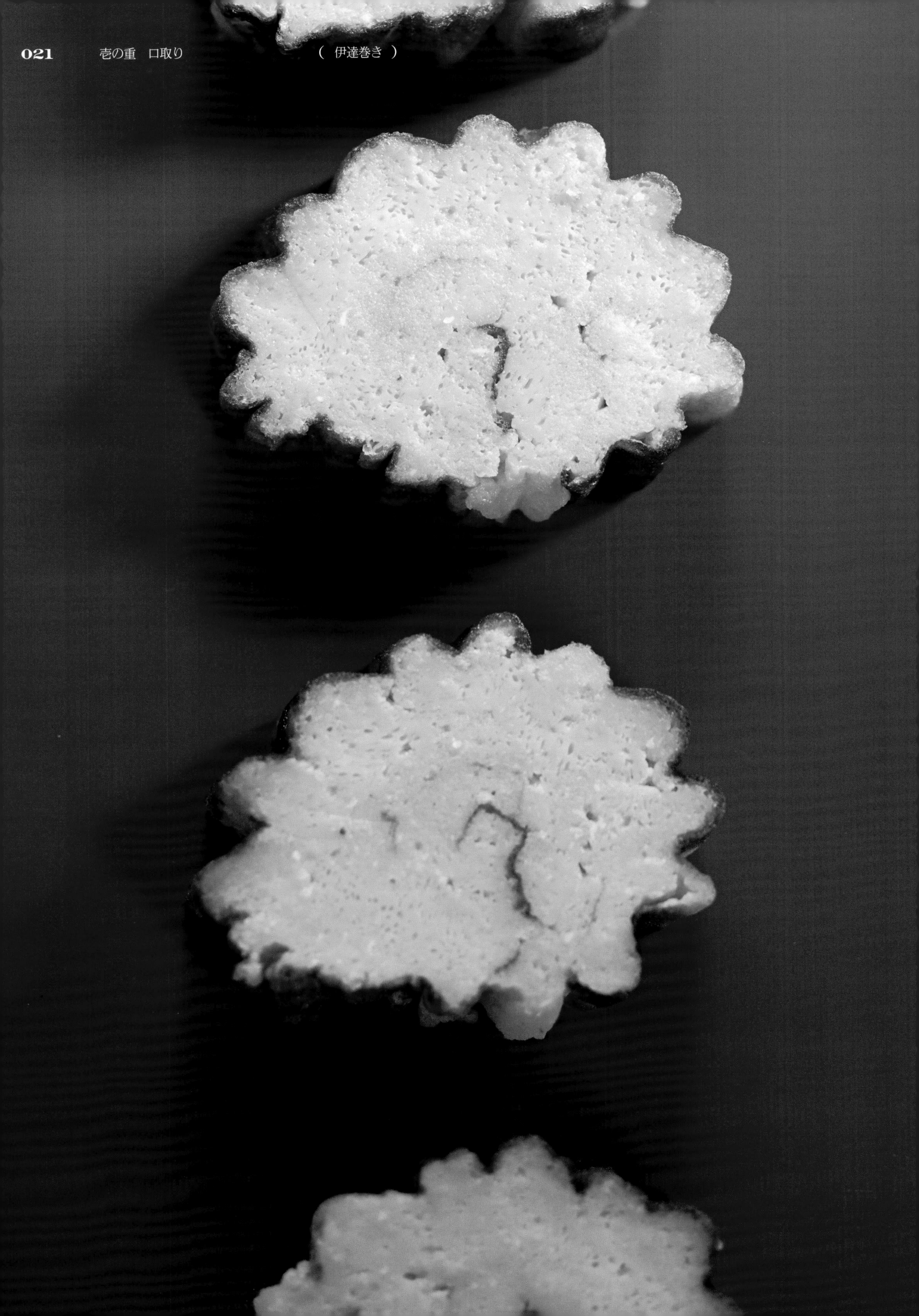

◯すり身の選び方

すり身は生魚と扱いは一緒で鮮度がポイント。パッケージの賞味期限や製造日を確認して、新鮮なものを選ぶ。色が鮮やかで透明感があり、つやのあるものがよい。正月シーズンになると入手困難になるので、早めに購入して小分けで冷凍しておくか、冷凍すり身を利用するとよい。

◯保存

保存容器に入れて表面が乾かないようにラップを密着させ、冷蔵で3日ほど。

《材料》13.5×18㎝の卵焼き器1台分

白身魚のすり身…30g
卵…3個
砂糖…50g
薄口しょうゆ…小さじ1
だし…50㎖
サラダ油…適量

《下準備》

• 卵焼き器よりひと回りほど大きい板を用意し、アルミホイルを巻いて蓋とする。ここでは100均の桐まな板(30×19㎝)を利用。
• 卵はよく溶きほぐす。

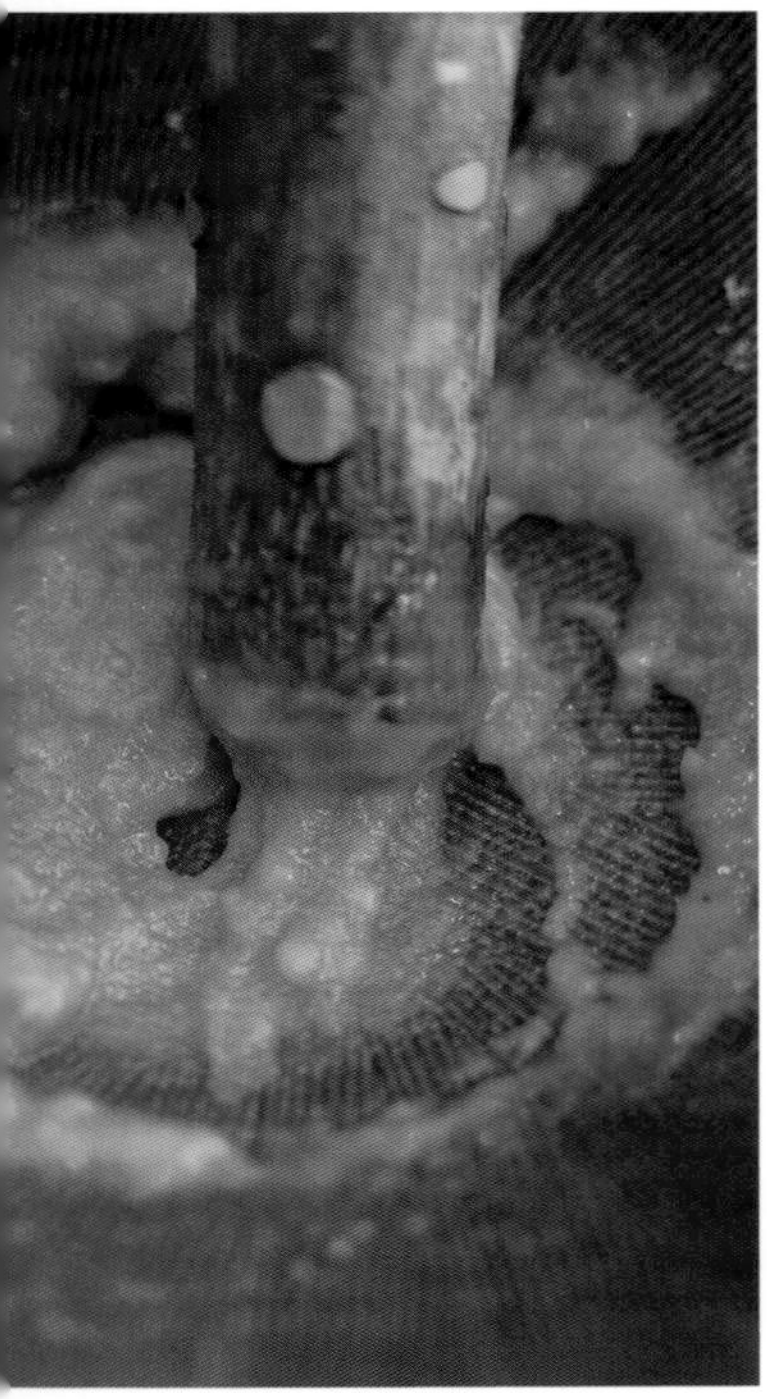

ダマが残らないように、なめらかになるまでする。

鬼すだれに取り出し、手前をぎゅっとひと巻きする。

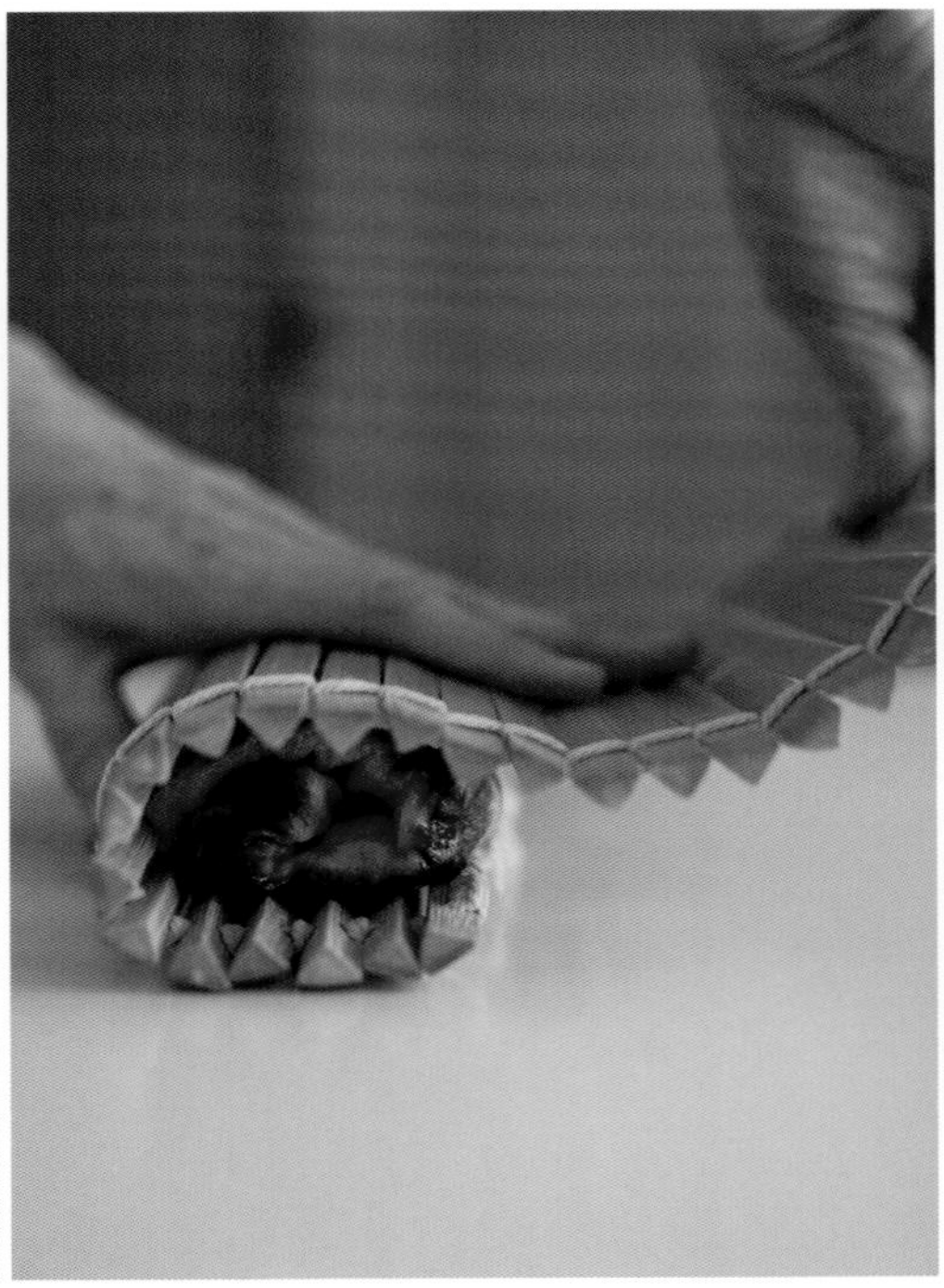

巻きすを手前から奥に向かって進めながら一気に巻く。

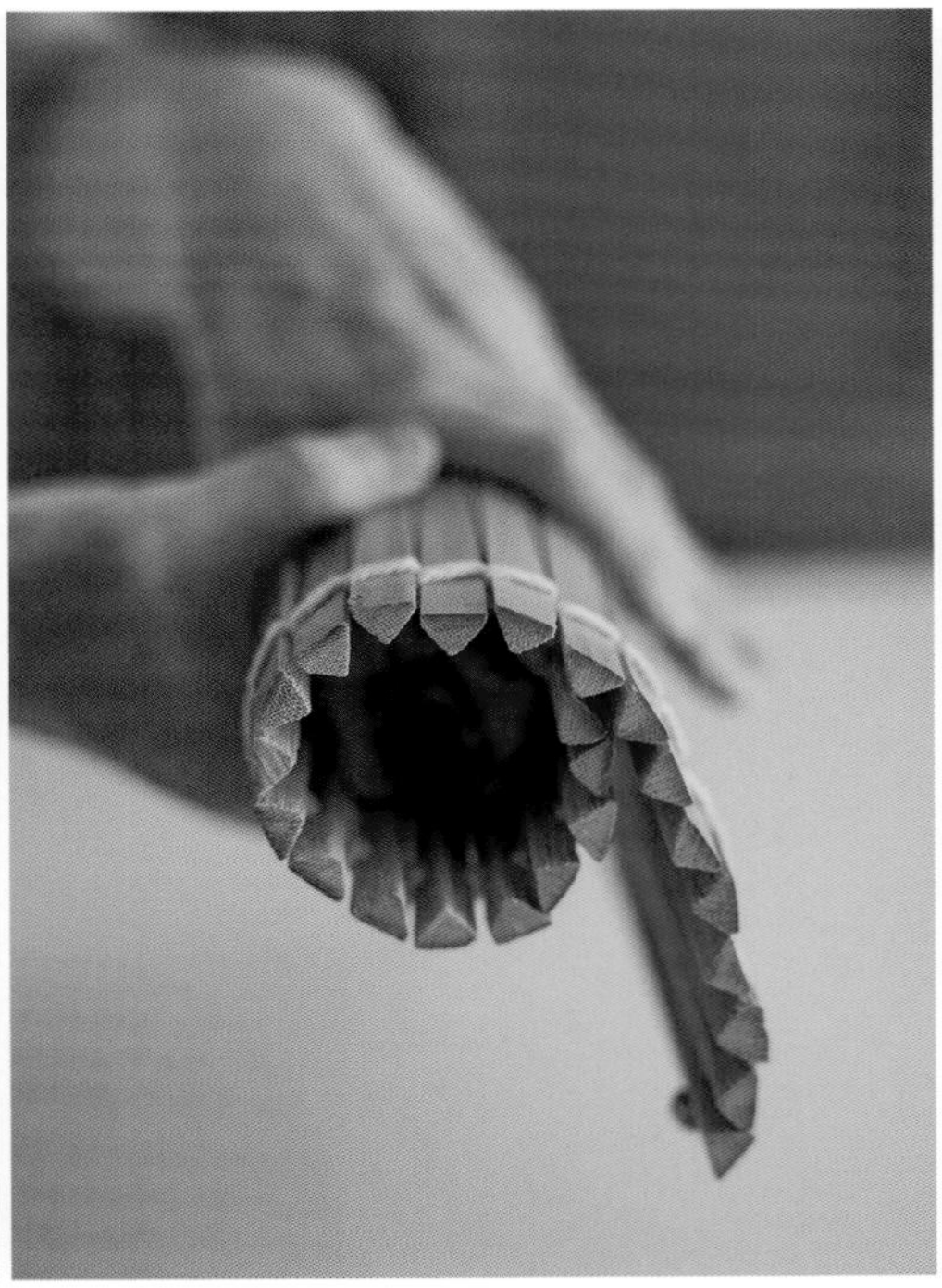

横から見て「の」の字になるようにくるくると巻く。

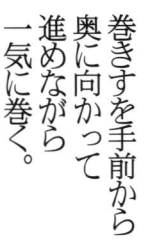

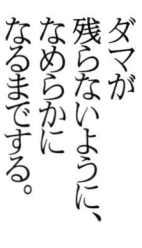

蓋をのせ、膨らみを抑えながらごく弱火で焼く。

表面が乾いたら、蓋の上に裏返して取り出す。

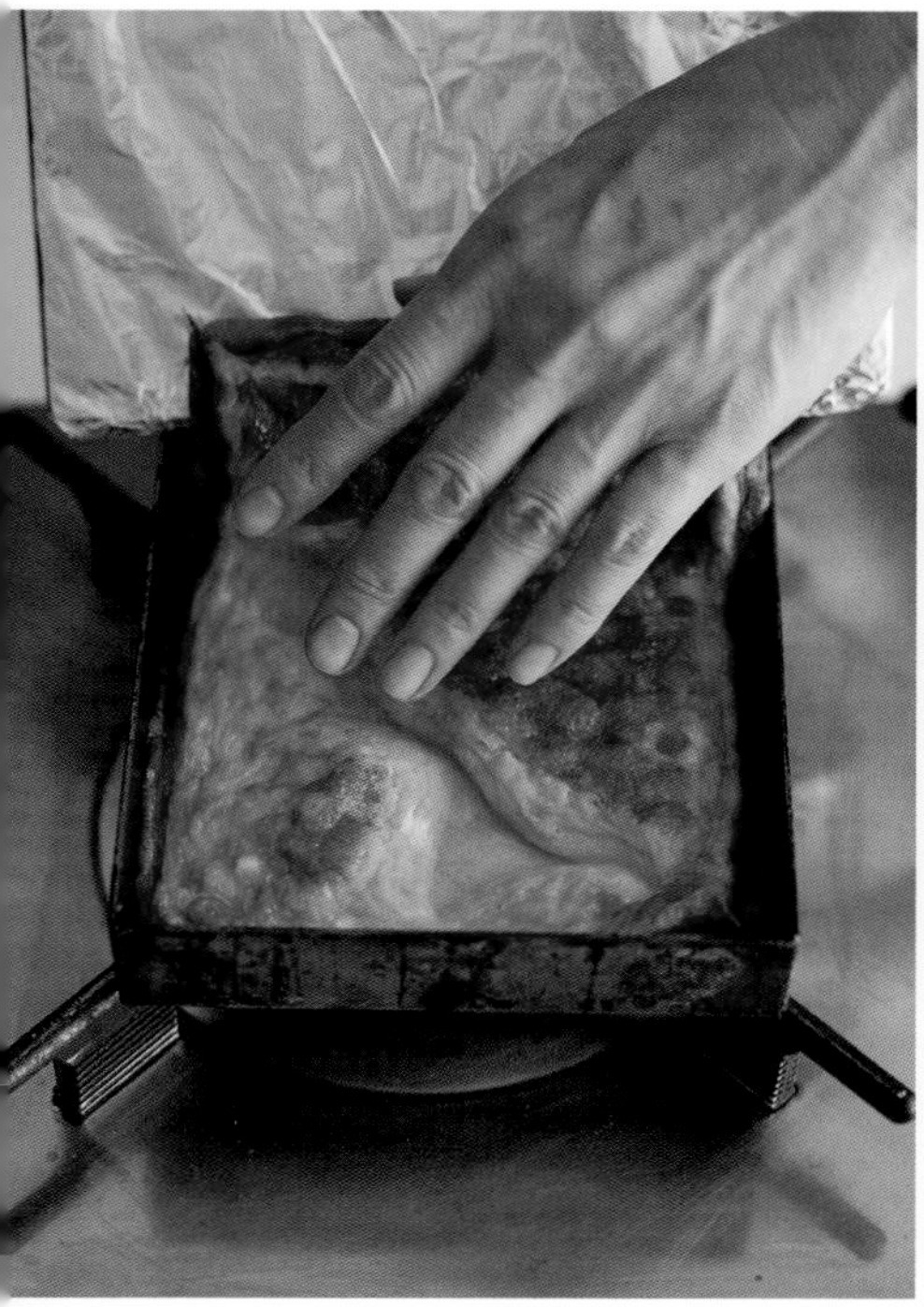

そのまますべらせて卵焼き器に戻す。

巻きすの両端を輪ゴムで留め、そのまま立てて冷ます。

《作り方》

［卵生地を作る］

① すり鉢にすり身を入れて砂糖、薄口しょうゆを加え、なめらかになるまですり混ぜる。

② だしを3回に分けて加え、そのつどしっかりとすり混ぜる。

③ 溶き卵を2回に分けて加え、そのつどなめらかになるまですり混ぜる。

［焼く］

④ 卵焼き器を火にかけて熱し、サラダ油を薄くひいて**3**の卵生地を一気に流し入れ、用意した蓋をしてごく弱火で10分ほど焼く。

⑤ 表面が乾いた状態になったら、卵焼き器を返して蓋の上に取り出し、そのまますべらせて卵焼き器に戻し、2分ほどごく弱火で焼いて裏側にもきれいに焼き色をつける。

［巻く］

⑥ **5**を最初に焼いた面を下にして鬼すだれ（巻きす）に取り出し、熱いうちに手前からしっかり巻く。

⑦ 巻き終わったら両端を輪ゴムでしっかり留め、そのままバットなどに立てて冷ます。冷めたら巻きすをはずし、盛りつけるときに適宜切り分ける。

覚書き

卵生地を作る

- 溶き卵は泡が立たないように静かに加え、すり身と卵が分離しないようにしっかりすり混ぜる。
- 全体が均一になるようにすり混ぜることで、仕上がりの断面がきれいになり、口当たりもよくなる。

焼く

- 指先で表面を触ってみて、生地がくっついてこなければ裏返す。
- 焼き加減は生地を少し持ち上げて確認する。

巻く

- 手前の端をすき間ができないようにぎゅっと巻き込み、それを芯にして横から見て「の」の字になるように巻く。
- 立てておくと生地が押し潰されずに丸くきれいな形に整う。また、下側に熱や水分が溜まらず、蒸れずに早く冷める。

昆布巻き

健康長寿食材として知られる昆布は、古くは「広布（ひろめ）」と呼ばれ、養老昆布の語呂合わせから「慶びを広げる」縁起物としてさまざまに使われてきた。また、「子生」の字を当てて子孫繁栄を表し、北海道で産出するため「夷子布（えびすめ）」とも呼ばれ、七福神の恵比寿にかけて福を授かる縁起のよい食材としても使われる。

◯身欠きにしん（ソフトタイプ）の選び方

にしんを三枚におろし、素干しにしたもの。内臓や数の子を切り取り、背身だけを用いることから、「身を欠く」が呼び名になった。完全に水分をとばした「本干し（本乾）」、本干しより乾燥時間が短い「八分乾」、半生状態の「ソフトタイプ（生乾・五分乾）」がある。本書では戻す手間がかからず、手軽に使えるソフトタイプ（写真上）を使う。肉厚で張りのあるものを選ぶとよい。

◯日高昆布の選び方

北海道の襟裳岬沿岸、三石地域で採取される「三石昆布」のうち、日高地域で採れたものを日高昆布と呼ぶ。繊維がやわらかく火の通りが早いので、昆布巻きや佃煮など煮物に多く使われる。真昆布、利尻昆布など他の昆布に比べて甘みが少なく淡い風味のだしが取れる。関東以北ではだし用として好んで使われる。肉厚で香りがよく、緑褐色の艶やかなものを選ぶ。表面の白い粉は、マンニットという旨み成分。

◯かんぴょうの選び方

「ふくべ」と呼ばれる夕顔（ウリ科のツル性草木）の果肉を、ひも状にむいて乾燥させたもの。厚みが均等で幅が広く、肉厚で弾力があるもの、自然な乳白色で甘い香りがするものが良質。かんぴょうには、防虫・防カビのために二酸化硫黄で燻煙した白い「漂白かんぴょう」と、燻煙処理をしないあめ色の「無漂白かんぴょう」がある。漂白ものは、塩を加えてもみ、苦みや酸味を抜いてから戻して使う。

◯保存

保存容器に煮汁に浸かる状態で入れ、冷蔵で1週間ほど。余ったかんぴょうは小分けしてラップで包み、さらに保存袋に入れて冷凍し、みそ汁、和え物、炊き込みご飯などに使うとよい。1か月を目安に食べきる。

《材料》24個分

身欠きにしん（ソフトタイプ）
…3枚（1½尾分）
日高昆布…25㎝長さ8枚
かんぴょう（無漂白）…30㎝長さ24本
水…1ℓ
酒…100㎖
米酢…大さじ1
みりん…100㎖
砂糖…大さじ2
薄口しょうゆ…70㎖

《作り方》

［身欠きにしんの下ごしらえ］

① 身欠きにしんは背びれとかまの部分を切り落として熱湯で2分ほどゆで、水に取って皮目に残るうろこを取り除く。水気を拭き取り、腹骨をつまみ取り、縦4つに切る。

［昆布を戻す］

② 昆布は汚れがあれば乾いた布巾などでさっと拭き、分量の水に浸けてやわらかくなるまで戻す。戻し汁はとっておく。

［かんぴょうを戻す］

③ かんぴょうはもむように洗って水気を軽く絞り、たっぷりの水に浸けてやわらかくなるまで戻す。

［巻く］

④ **2**の昆布の水気をきり、水分を拭き取って縦長に広げる。**1**のにしんを昆布の幅に合わせて切る。

⑤ 昆布の手前ににしん2本を皮目を合わせておき、これを芯にしてすき間ができないようにしっかり巻く。

［結ぶ］

⑥ 巻き終わりを下にしておき、**3**のかんぴょうで中央、両端の順に3か所結んで留める。余分なかんぴょうは切り落とす。

［煮る］

⑦ 鍋に**6**を結び目を上にしてすき間なく並べ入れ、**2**の戻し汁と酒、米酢、みりんを加えて強火にかける。煮立ったらアクを取り除いて落とし蓋をし、弱めの中火で昆布がやわらかくなるまで30分ほど煮る。竹串を刺してみて、スッと通るくらいになればよい。

⑧ **7**に砂糖、薄口しょうゆを加え、再び落とし蓋をして弱火で30分ほど煮る。煮上がったら火から下ろし、そのまま冷まして味を含ませる。

［切り分ける］

⑨ 盛りつける際に両端を少し切り落として形を整え、かんぴょうが中央になるように3等分に切り分ける。

覚書き

身欠きにしんの下ごしらえ
- ゆでこぼして生臭みを除く。
- 身崩れするので小骨はそのままにする。残っていても長時間煮るのでやわらかくなる。

結ぶ
- 結び方が弱いと煮上がり後ににしんが全部抜けてしまうので、ゆるまないようにきっちり結ぶ。ただし、あまりきつく結ぶと、煮ている間に昆布とにしんが膨らんで切れてしまうので、かたすぎず、ゆるすぎずの加減で結ぶ。
- 結び目の形を揃えると美しい仕上がりになる。

切り分ける
- 重箱などに詰める際は、煮汁がしみ出してこないように汁気をしっかりきる。

つまむ方が、包丁を使うより、身を崩さず腹骨のみ取り除くことができる。

1枚を縦4等分に切り、小指大の棒状にする。

無漂白かんぴょうは軽くもみ洗いしてから水で戻す。

昆布の幅に揃えたにしんを芯にしてくるくると巻く。

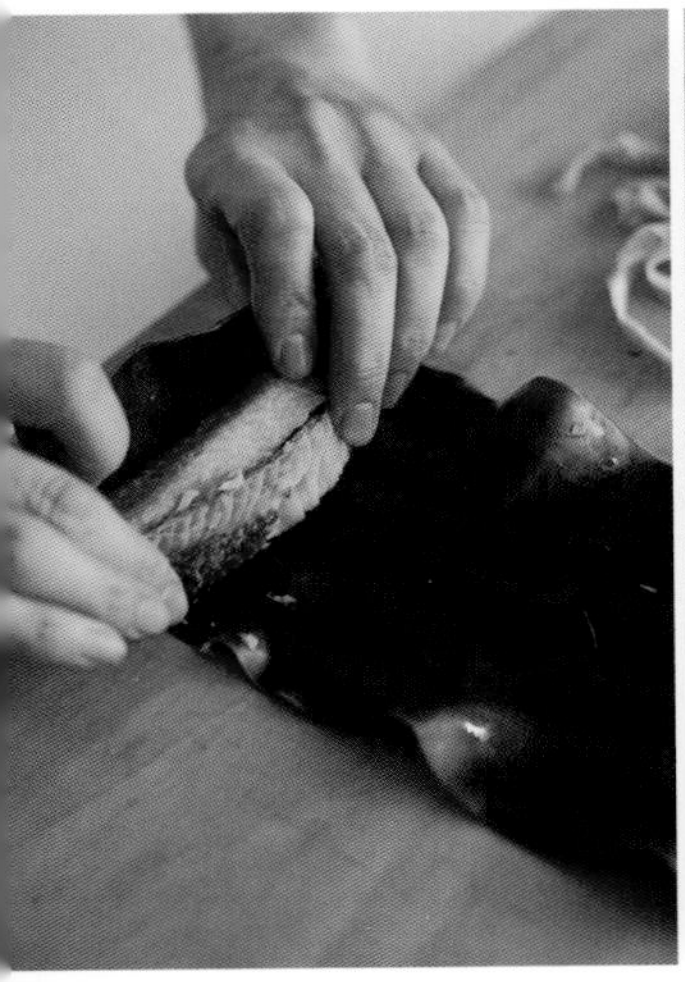

かんぴょうが太ければ半分に裂くなどして、結び目の形を揃えると美しい。

重ならず、すき間ができないように鍋に並べ入れる。

竹串がスッと通るやわらかさになるまで煮る。

煮汁に浸けたまま冷まし、盛りつけるときに切り分ける。

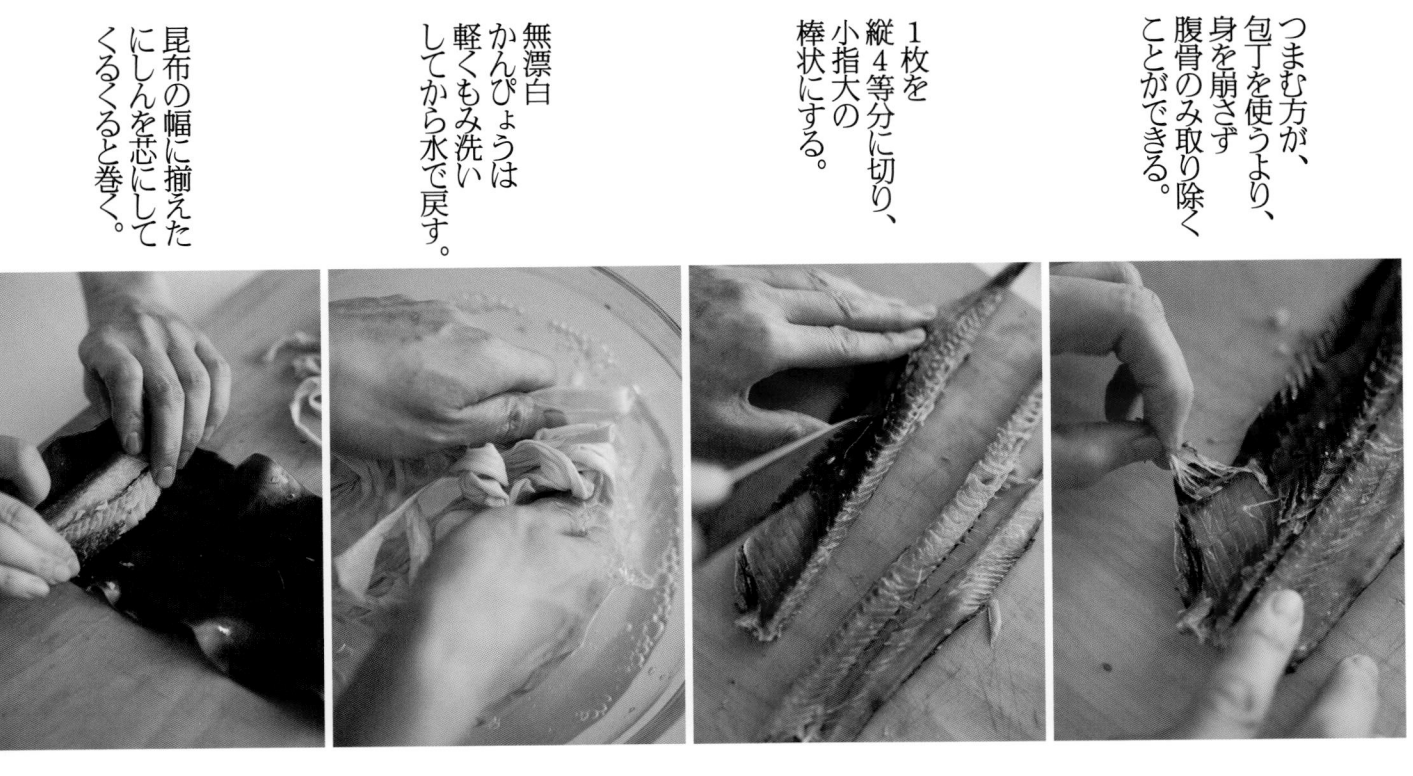

壱の重　口取り

紅白かまぼこ

長期保存ができない生魚の代わりに古くから重宝されてきたかまぼこ。日本の伝統的な色の組み合わせ「紅白」は、「魔除け」の赤、「神聖・静寂」の白で幸運や縁起の良さを象徴し、切り分けると平円形になることから、「初日の出」を連想させるともいわれている。さらに、弾力のある食感は力強さを表し、新年の幸福を祈る意味も込められている。

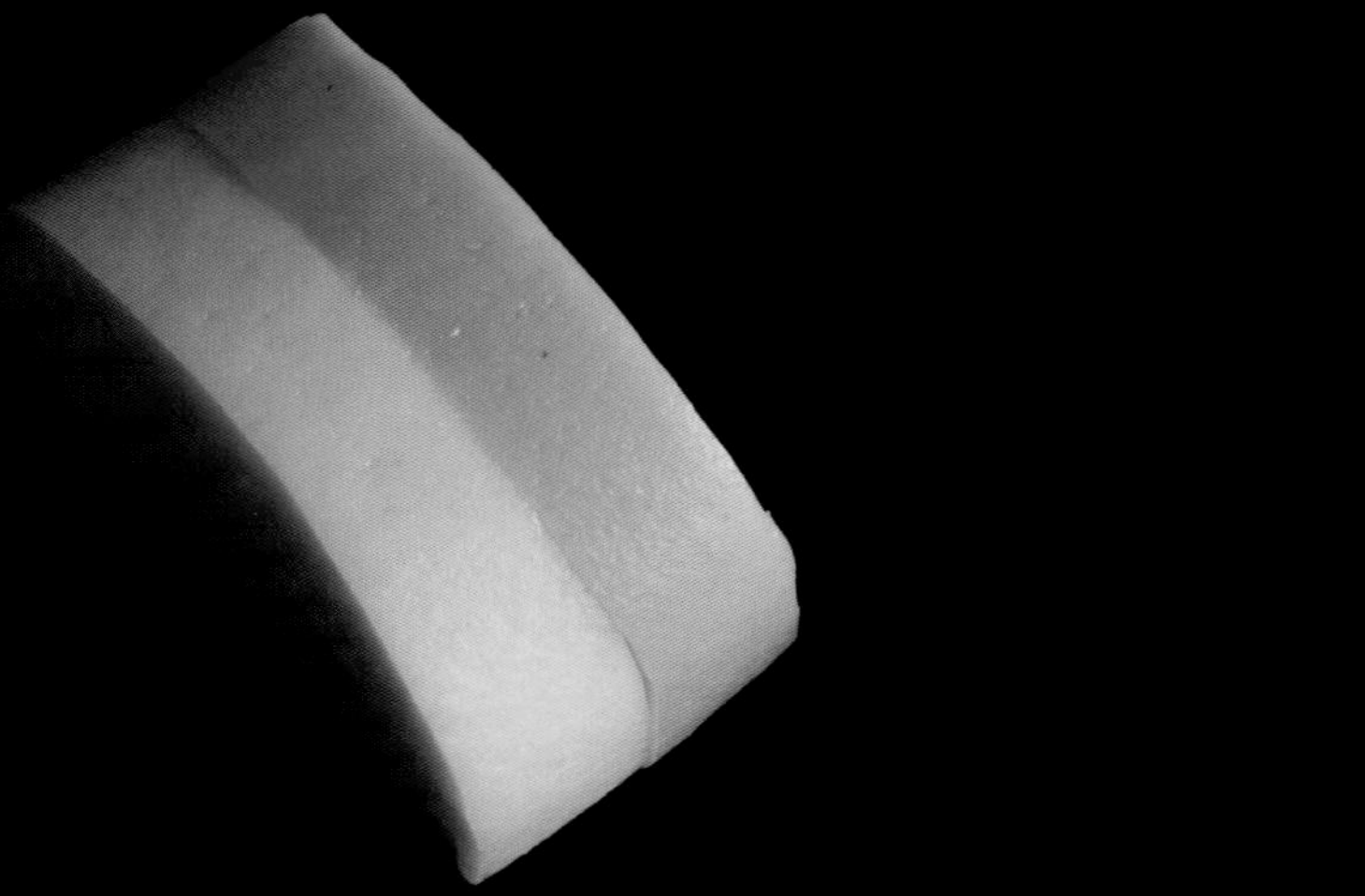

紅白

紅白でおせちに華やかさを添える。

［手綱］は赤と白の境目に包丁を入れる。

［結び］は中央の切り目に左右の切れ端をくぐらせる。

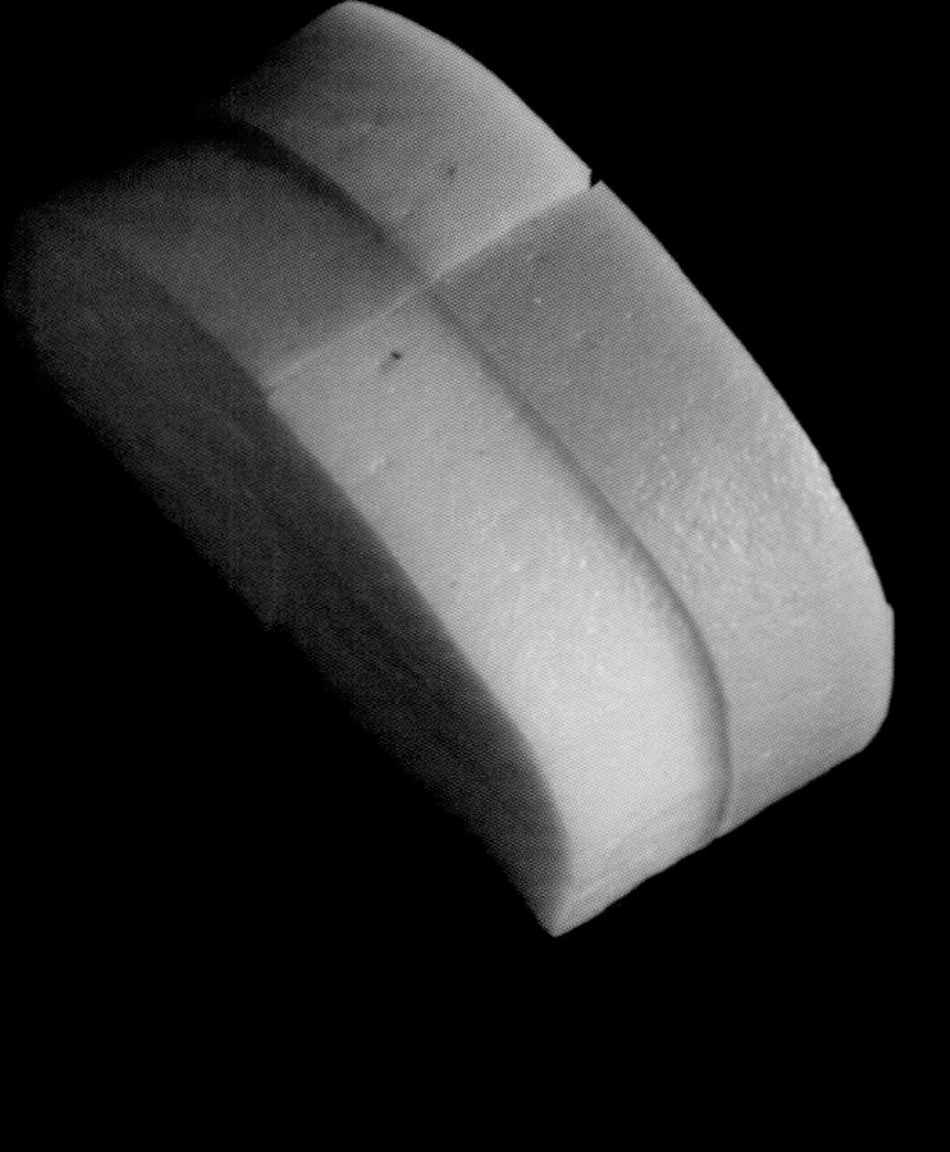

市松

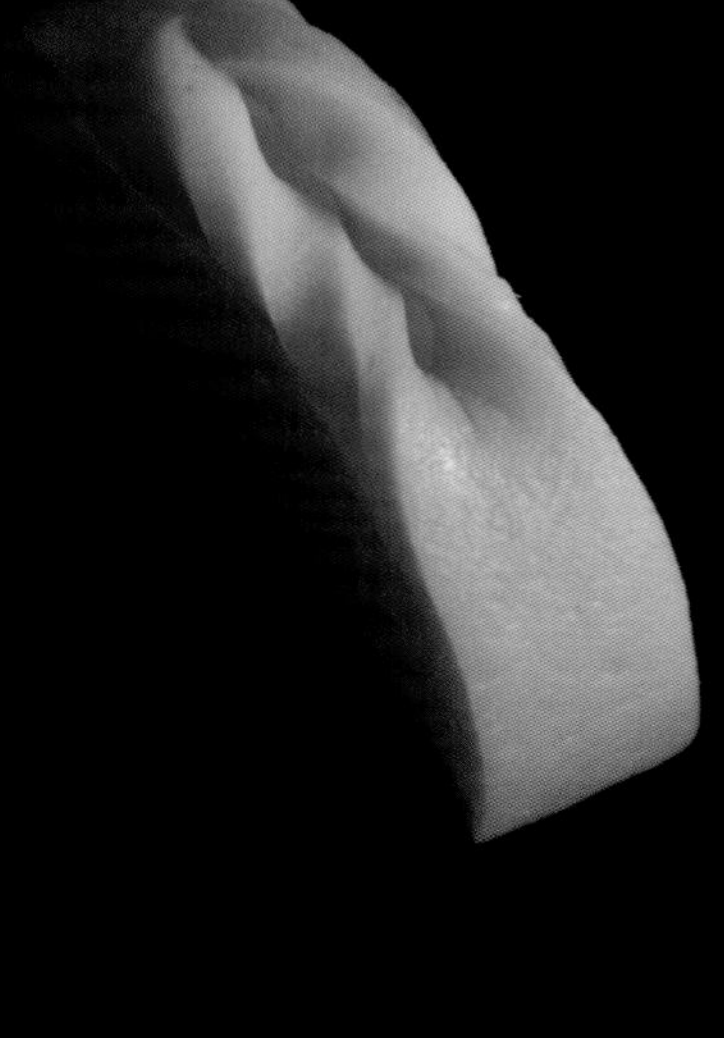

手綱

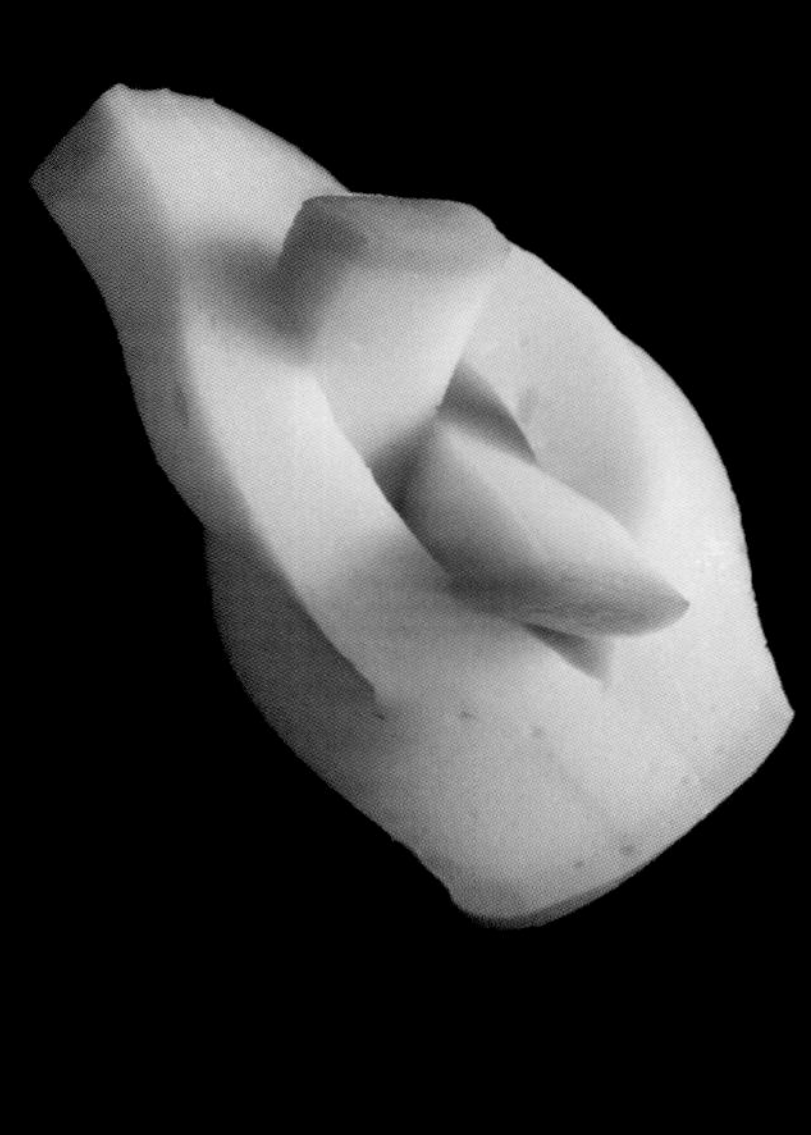

結び

◯かまぼこの選び方

白身魚のすり身を主原料とするかまぼこ（板付きかまぼこ）は、材料となる魚種、手作りか機械加工かによって価格が大きく変わる。グチ、ハモなど上質な魚が使われているものは当然値段は高くなる。すり身に調味料を加え、板に盛りつけ蒸して作るかまぼこは、上質な魚を使った場合、それだけでかまぼこ特有のむっちり感や旨みが生まれる。かまぼこは生ものなので、新鮮なものを購入し、開封後は賞味期限にかかわらず早めに食べきるようにする。

◯保存

食べる分だけ板からはずし、残りは保存袋に板付きのままラップで包んで入れ、冷蔵で2～3日。かまぼこの板は、かまぼこから出る水分を吸収し、雑菌などの繁殖を防ぐ働きをする。冷凍すると食感が悪くなる。

《材料》作りやすい分量

紅かまぼこ…1本
白かまぼこ…1本

《下準備》

- かまぼこと板の間に包丁を差し入れ、そのまま水平に包丁をすべらせて板からはずす。

《作り方》

［紅白］

①板をはずした紅、白のかまぼこを端を揃えて並べ、一緒に1～1.5㎝幅に切る。

②1切れずつ交互に並べる。

［市松］

①［紅白］2を2等分に切り、片方を1切れ分ずらして市松模様にし、はみ出した1切れを欠けたところへ移す。

［手綱］

①かまぼこ1切れの上部を、皮をむくように丸みに沿って約2㎜厚さに包丁を入れ、⅔まで切る。

②むいた方を下にして置き、つけ根側から中央に約3㎝長さの切り目を入れる。

③切り離した部分の端を内側から切り目にくぐらせ、かまぼこの方に沿わせるようにして軽く引っ張って形を整える。

［結び］

①かまぼこ1切れを縦長にねかせて置き、左右の各¼ほどの位置に、右（丸い側）は下から⅔くらいまで、左（板付き側）は上から⅔くらいまで切り目を入れる。さらに真ん中に約3㎝の切り目を入れる。

②中央の切り目に右の切れ端を上からくぐらせ、左の切れ端を下からくぐらせる。軽く引いて形を整える。

裏白しいたけ

壱の重　口取り

葉の裏が白いことから、「心の潔白さ」「白髪になるまで長生きする」を表すものとして、注連飾り（しめかざり）や鏡餅の下敷き、おせちの懐敷などに多用される裏白。この縁起を受けて、しいたけの裏側に白いすり身種を詰めて裏白とし、心に表裏なく清廉潔白に一年を過ごせるようにとの願いを込める。

小さなどんこ
しいたけを選び、
かわいい
ひと口サイズに
仕上げる。

空気が
入らないように、
しっかり詰める。

十分に
蒸気の上がった
蒸し器に入れる。

完全に冷めてから、
青のり粉をつける。

◯干ししいたけの選び方

どんこは笠が開ききらないうちに収穫して乾燥させたもので、肉厚で縁が内側に巻き込みころんと丸い形が特徴。乾燥がしっかりしていて、笠の表面は茶褐色でしわは少なくつやがあり、笠の裏は明るい淡黄色をしているものが良品。

◯保存

保存容器にラップで包んで入れ、冷蔵で2日。

《材料》8個分

干ししいたけ（小粒どんこ。直径30〜35㎜）…8個
すり身…50g
A
- 酒…大さじ1
- 卵白…大さじ1
- 山いも（すりおろし）…大さじ1
- 片栗粉…小さじ1

青のり粉…適量

《下準備》

- P.140［蒸し器］を参照して蒸し器の準備をする。

《作り方》

［干ししいたけを戻す］

① 干ししいたけは軽く洗って汚れを落とし、ポリ袋（または保存袋）に入れてひたひたの水を注ぎ、空気を抜いて口をしっかり縛る。冷蔵庫でひと晩（最低でも5〜6時間）おいてやわらかく戻す。

② 1のしいたけの軸を切り落とし、水気を軽く絞る。

［すり身種を詰める］

③ すり鉢にすり身を入れてAを加え、なめらかになるまでする。

④ 3のすり身種を8等分し、2の笠の内側にへらなどですき間なくしっかり詰める。

［蒸す］

⑤ 4を盆ざるに並べ、十分に蒸気の上がった蒸し器に入れて、中火で5分ほど蒸す。

⑥ 蒸し上がったら盆ざるごと取り出し、表面に浮き出た水泡をキッチンペーパーで拭き取り、そのまま冷ます。

［青のり粉をつける］

⑦ 青のり粉をバットなどに広げ、6の2〜3個を取り分け、すり身種の一部を押し付けて青のり粉をつける。

覚書き

干ししいたけを戻す
- 冷蔵庫で時間をかけて、ふっくらと戻す。

すり身種を詰める
- 中央がこんもりとなるように詰める。

蒸す
- 蒸気の通りがよいように、盆ざるに並べて蒸す。

壱の重　口取り

黄金くわい

大きな芽をつけている姿から、「芽が出る」「芽出たい」など、新たな生命や成長、幸運の始まりの象徴として用いられ、さらには「立身出世」「子孫繁栄」を願う縁起物ともされる。また慈姑（くわい）という漢字は、「慈」はいつくしみを、「姑」は母を示すことから、慈しみ深い母という意味にもなる。

ほくほくとした
食感とほろ苦さが
持ち味。

折らないように
注意して
切り落とす。

見た目にも美しく、
煮崩れもしにくい。

黄金色のゆで汁で、
竹串が通る
くらいにゆでる。

くわいの選び方

日本料理で使われるのはオモダカ科の「青くわい」と、姫くわい、豆くわいとも呼ばれる「吹田くわい」。中国料理で使われるのはカヤツリグサ科の「黒くわい」。皮が青銅色でつやがあり、丸く膨らんだ部分がかたく、芽に張りがありピンとしているものを選ぶ。サイズは大小いろいろあるが、小さめの方がお重に詰める際に便利。

保存

保存容器に煮汁に浸かる状態で入れ、冷蔵で4日ほど。

《材料》10個分

くわい…10個
くちなしの実…2個

A
- だし…300㎖
- 砂糖…大さじ2
- みりん…大さじ1
- 薄口しょうゆ…小さじ1
- 塩…少量

《作り方》

［六方むき］

① くわいは底のかたい部分を平らに切り落として座りをよくし、芽を1㎝ほど残して切る。

② 1の皮を下から上に向かって、くわいの形に沿って側面が6面になるようにむく。1面をむいたら対面を同じ要領で平行にむく。次に平行にむいた面の隣をむき、さらに対面をむく。残りの皮も同様にむき、六方むきにする。

［アクを抜く］

③ むき終わったら芽の周りの薄皮を1枚はがし、水に1時間ほど浸けてアクを抜く。

［下ゆで］

④ くちなしの実は、色が出やすいようにペンチ（または包丁の腹、麺棒など）で殻を砕き、お茶用パックに入れる。

⑤ 鍋に水気をきったくわいと4を入れ、たっぷりの水を注いで強火にかけ、沸騰したら中火にしてゆでる。くわいが黄色く染まり、竹串がスッと通るくらいにやわらかくなったらざるに上げて水気をきる。

［煮る］

⑥ 鍋にAを入れて火にかける。ひと煮立ちしたら5を加え、落とし蓋をして15分ほど煮る。煮上がったら火から下ろし、そのまま冷まして味を含ませる。

覚書き

六方むき
- 対面同士を交互にむいていく。このとき、残した芽を切り落としたり折らないように十分注意する。

アクを抜く
- くわいはアクが強いので、時間をかけてアク抜きをする。

下ゆで
- 下ゆででさらにアクを抜いて苦みを和らげる。
- 身崩れしないように注意して湯をきる。

煮る
- アク抜きで苦みが和らぐことで、煮汁の繊細な味が引き立つ。

壱の重　口取り

いくら柚釜

おせちを華やかに彩る鮮やかな赤色は、太陽の出る東の方角を連想させることから、いくらは東方を象徴する食材とされている。また、祝い肴三種のひとつ数の子と同様に、「子孫繁栄」や「多産」を願う意味も込められている。ゆずをくりぬいた柚釜は、その形が宝船や宝石箱に似ていることから、幸運や富の象徴とされている。

力を入れなくてもぽろぽろとほぐれる。

浮いてきた白い薄皮などを、塩水の上澄みとともに流す。

漬け汁に半日以上つけて味を含ませる。

皮を破かないように、気を付けてくり抜く。

◯生すじこの選び方

卵ひと粒ひと粒が朱色で、形がしっかりしていて膜に張りがあるものを選ぶ。鮮度のよいすじこはうまみが強く、ほぐしやすい。血管や全体が赤黒くなっているもの、膜がへたっているものは鮮度が落ちているので避ける。

◯保存

生すじこは傷みやすいので、購入したその日にほぐして冷凍保存する。しょうゆ漬けにした後は、保存容器に漬け汁に浸かる状態で入れ、冷蔵で5日ほど。

《材料》作りやすい分量

生すじこ…½腹（約200g）

塩水

- 水…2ℓ
- 塩…大さじ1

A

- 薄口しょうゆ…20㎖
- みりん…10㎖
- 酒…30㎖

ゆず（小）…4個

《仕込み》

［生すじこをほぐす］

① 塩水の材料を合わせ、別のボウルに¼量ほど移して生すじこを入れ、指の腹でしごくようにして卵をほぐす。

② 塩水を取り替え、卵をほぐした膜や、ほぐした卵に残る薄皮や白い皮、血合い、筋などを丁寧に取り除く。

③ ほぐし終わったら、再度塩水を替えて軽く混ぜる。残った膜や筋、白い薄皮などが浮いてくるので、塩水と一緒に捨てる。これを塩水が白濁しなくなるまで2〜3回繰り返す。

④ ざるに上げ、1時間ほどおいて水気をしっかりきる。密閉容器（または冷凍用保存袋）に入れて冷凍保存する。

《仕上げ》

［しょうゆ漬け］

① 冷凍したいくらを冷蔵庫に移し、半日ほどかけて自然解凍する。

② 小鍋にAを入れてひと煮立ちさせ、冷ます。

③ 1を保存容器に入れて2を注ぎ、冷蔵庫で半日以上おいて味をなじませる。

［柚釜を作る］

④ ゆずはへたから¼のところを横に切り、果皮と薄皮の間にスプーンを差し入れて果肉をくり抜く。でき上がった柚釜に3を適量入れる。

覚書き

生すじこをほぐす

- 9〜11月に出回る生すじこをほぐし、冷凍しておせちに使う。
- 塩水でほぐすことで卵が割れにくくなり、旨みも逃げない。
- 大きな膜から卵をほぐし終わったら、塩水を替えて細かい膜も丁寧に取り除く。
- 浮いてくる膜や血合い、白い薄皮が残ると見た目も食感も悪くなるので、しっかり取り除く。ただし、白い薄皮は洗うたびに出てくるので、100%取り除く必要はない。

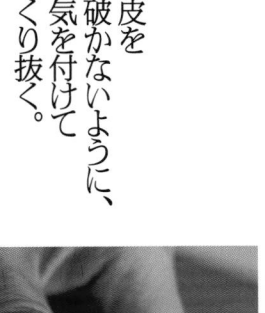

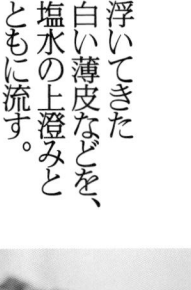

錦玉子

黄身と白身の二色（にしき）であることから、錦の語呂合わせが料理名の由来となっている。黄身は金糸、白身は銀糸にたとえ、錦織の絢爛豪華さがおせちのひと品として喜ばれるとともに、財宝や豊かさに通じる縁起物とされている。

《材料》流し缶10.5×15cm1台分

卵…6個

A
砂糖…大さじ2
塩…ひとつまみ
片栗粉…小さじ½

B
砂糖…大さじ5
塩…ひとつまみ
片栗粉…小さじ½

《下準備》

- P.140［蒸し器］を参照して蒸し器の準備をする。

《作り方》

［卵をゆでる］

① 鍋にたっぷりの湯を沸かし、沸騰したところに冷蔵庫から出した冷たい卵を入れ、12～13分ゆでてかたゆでにする。ゆで上がったら水に取り、殻をむいて黄身と白身に分ける。白身は水気を拭く。

［裏ごしする］

② 白身、黄身の順にそれぞれ裏ごしする。

③ 白身にはAを、黄身にはBを加えて混ぜる。

［蒸す］

④ 流し缶に3の白身を入れ、表面が平らになるようにぎゅっと押さえて詰める。その上に黄身をのせ、平らにふわっと詰める。

⑤ 蒸気が十分に上がった蒸し器に入れ、中火で5～6分蒸す。蒸し上がったら取り出し、冷めたら流し缶から抜いて適宜切り分ける。

◯保存

保存容器に入れ、冷蔵で3日ほど。

覚書き

卵をゆでる
- 卵を湯に入れるときは、殻にひびが入らないように玉じゃくしなどを使って1個ずつそっと入れる。
- かたゆでにするが、長時間ゆでると黄身の色が悪くなるので気をつける。
- 黄身と白身に分けた後、白身の内側に残った黄身は取り除く。

裏ごしする
- 温かいうちに裏ごし器で裏ごしする。
- 白身、黄身の順に裏ごしすれば、白身に黄身の色がつかないので、裏ごし器を洗う手間が省ける。
- 黄身と白身にそれぞれ調味料を加えたら、練らずにさっくりと混ぜる。

蒸す
- 白身はきっちりと押さえ、黄身は軽めに押さえてふわっとさせると口当たりよく仕上がる。

先に白身を裏ごしする。

白身はきっちり、黄身はふんわり詰める。

蒸気がよく上がっているところに入れる。

壱の重　口取り
こんな一品も

きんかんの甘露煮

金柑（きんかん）は「金冠」に通じることから、富を象徴する食材として好まれ、名前に「ん（運）」が入ることから、金運を呼ぶ縁起物とされている。原産地中国では「金桔」とも書き、「桔」が「吉」と同じ発音であることからめでたい植物とされている。

等間隔に切り目を入れる。

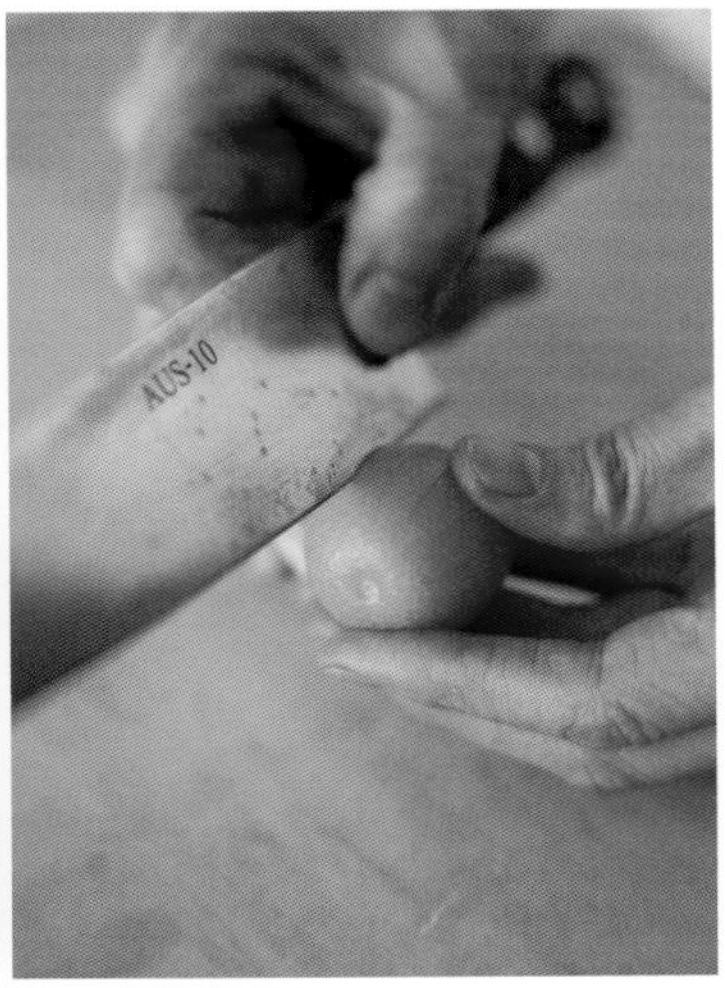

切り目を広げて竹串を差し入れる。

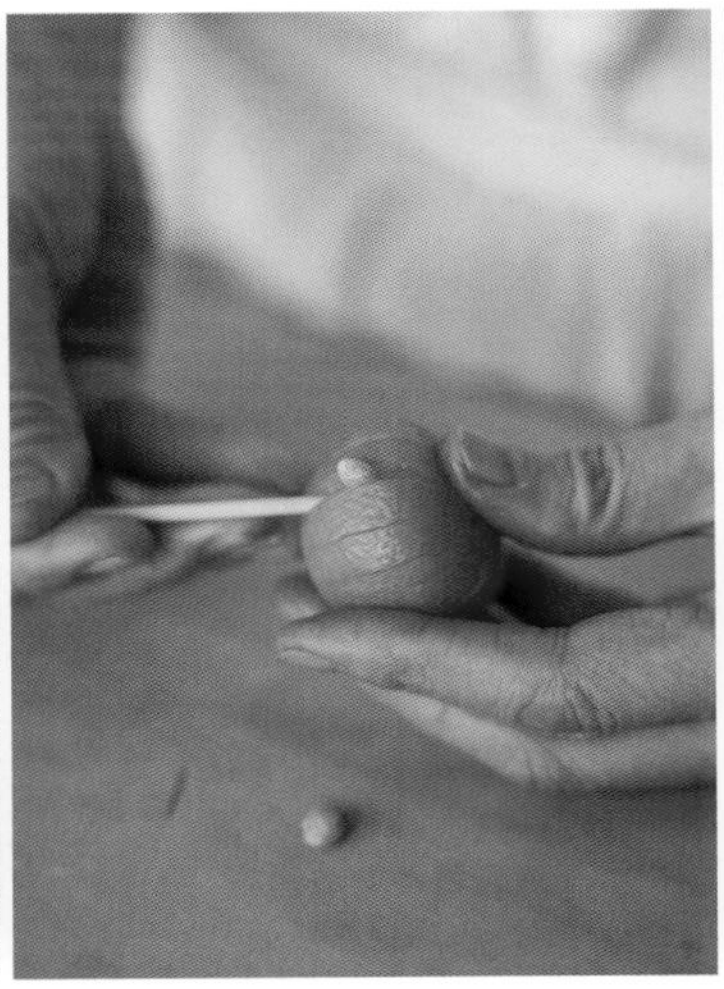

弱火で静かに煮含める。

◯きんかんの選び方

全体が濃い橙色でつやがあり、粒が大きく、表面に張りがあって持ったときに重みを感じるものを選ぶ。皮に傷や変色があるもの、へたが茶色っぽく枯れているようなものは避ける。

◯保存

保存容器にシロップに浸かる状態で入れ、冷蔵で10日ほど。

《材料》20個分

きんかん…20個
シロップ
　砂糖…100g
　水…300㎖

《作り方》

［切り目を入れる］
① きんかんは竹串でへたを除き、上下を残して縦に5～6㎜間隔で切り目を入れる。

［種を取る］
② 切り目に竹串を差し入れ、種を取り除く。

［下ゆで］
③ 鍋に**2**を入れ、たっぷりの水を注いで火にかける。煮立ったらさらに5分ほどゆでて水に取る。

［シロップで煮る］
④ 鍋にシロップの材料を入れて火にかける。煮立ったら**3**のきんかんを水気をきって加え、弱火で10分ほど煮る。火から下ろし、そのまま冷ます。

覚書き

切り目を入れる
- やりにくいときは、まな板の上にきんかんをおいて、転がしながら切り目を入れるとよい。
- 上下を残さずに切り目を入れたり、細かく切り目を入れたりすると、煮ている途中で皮が切れて形が崩れ、きれいに仕上がらないので注意する。
- 皮に切り目を入れることで煮汁が染み込みやすくなる。

種を取る
- きんかんは種が多く、残すと口当たりが悪くなるので丁寧に取り除く。
- 上下を指ではさんで押し、切り目のすき間を広げると竹串を入れやすい。
- すき間を広げることでワタなどに含まれるペクチンが溶け出しやすくなり、とろりとした食感に煮上がる。

下ゆで
- 下ゆでして果皮に含まれる苦みを抜く。

シロップで煮る
- 砂糖がしっかり溶けてからきんかんを加える。
- 浮いてくるアクは取り除く。
- 冷める間にシロップが染み込む。

壱の重　口取り
こんな一品も

栗の渋皮煮

戦国時代最強の武将とされた武田信玄が戦の際に必ず持参した干した栗「搗栗（かちぐり）」が「勝栗」となり、勝利を象徴する食べ物と考えられるようになった。さらに、古来鋭いイガには魔除けの効果があり、災いから身を守る役割を果たすと信じられてきた。これらから、栗は新年の始まりを祝福し、幸福と健康を願う食材とされている。

栗の選び方

ふっくらと丸みがあり、鬼皮に張りとつやがあるもの。手に持ったときにずしりと重みがあるものを選ぶ。小さな穴や黒っぽい傷があるものは避ける。

保存

保存容器に煮汁に浸かる状態で入れ、冷蔵で10日ほど。本書では鬼皮をむいてアク抜きした状態で冷凍保存（3か月ほど）したが、煮上がった渋皮煮をすぐ煮沸消毒した保存瓶に入れ、煮汁を口ぎりぎりまで加えて蓋をし、逆さにして冷ました場合は冷蔵で3～4か月保存できるので、秋におせち用の渋皮煮を作って保存しておいてもよい。

《材料》作りやすい分量

栗…500g
砂糖…400g
重曹…小さじ1

《仕込み》

［鬼皮をむく］

① 栗は熱湯に20分ほど浸けて鬼皮をやわらかくし、湯から取り出して底（ざらざらした部分）を少し削ぎ落とし、その削った部分を手がかりにして、包丁ではがすようにして鬼皮だけをむく。

［ゆでて筋を取る］

② 鍋に1を入れてたっぷりの水を注ぎ、重曹を加えて強火にかける。沸騰したら弱火にしてアクを取り、ふつふつと沸くくらいの火加減で40分ほどゆでる。

③ 鍋ごと流し台の蛇口の下に移し、流水を細く出してゆっくりと冷ます。

④ 渋皮に残る筋を竹串で取る。細かい筋や繊維は手で軽くこすって取り除く。

［アクを抜く］

⑤ 鍋に戻して再びたっぷりの水を入れて強火にかけ、沸騰したらふつふつと沸くくらいの火加減にして10分ほどゆで、3と同様に流水で冷ます。これをさらに3回繰り返し、完全にアクを抜く。

［冷凍保存］

⑥ ざるに上げてキッチンペーパーで水気を拭き取る。冷凍用保存袋に入れて空気を抜き、冷凍保存する。

《仕上げ》

［煮る］

① 冷凍した栗を冷蔵庫に移し、半日ほどかけて自然解凍する。

② 鍋に1を入れ、かぶるくらいの水を注いで砂糖の1/3量を加え、落とし蓋をして火にかける。煮立ったらアクを除いて弱火にし、30分ほど煮る。

③ 2に残りの砂糖の半量を加えて軽く混ぜ、再び落とし蓋をして15分煮る。さらに残りの砂糖を加えて15分煮る。煮上がったら火から下ろし、そのまま冷まして味を含ませる。

覚書き

- 鬼皮をむく
  渋皮に傷をつけないように注意する。特に栗の底に包丁を入れるとき、栗の先端をむいているときに気をつける。下ゆでしている間に水分が染み込んで煮崩れしてしまうので、傷つけてしまった栗は栗ご飯や煮物などに使う。
- ゆでて筋を取る
  急激に冷やすと栗が割れてしまうので、水を少しずつ加えて時間をかけて冷ます。

渋皮を傷つけないように、ゆっくり丁寧にむく。

ちょろちょろと水を加え、時間をかけて冷ます。

栗に食い込んでいる筋も、渋皮を傷つけないように取り除く。

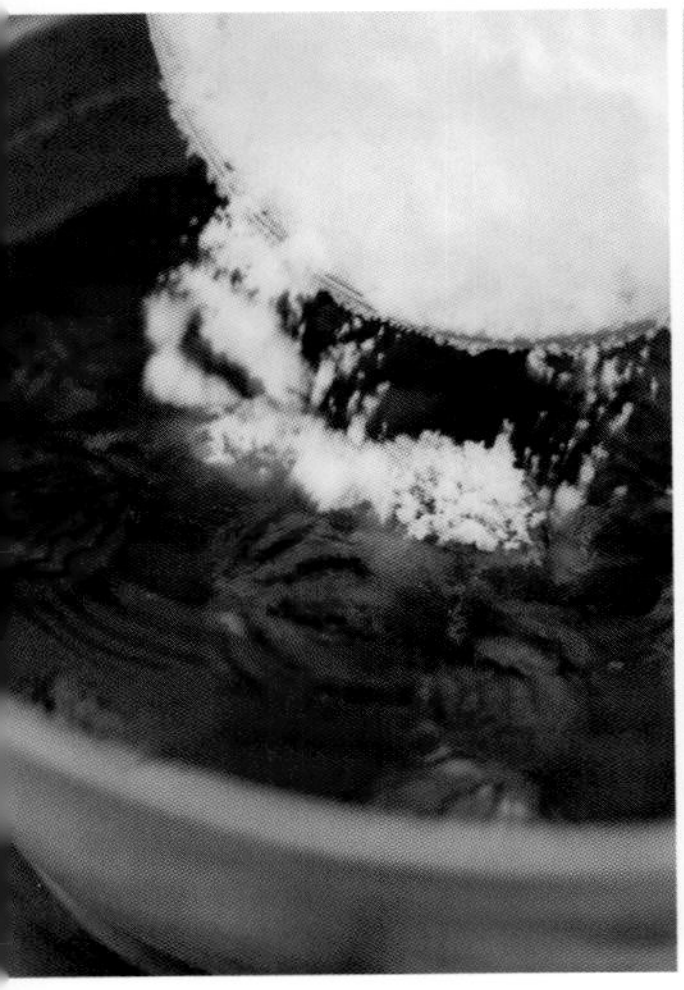
砂糖は1/3量ずつ三度に分けて加える。

◯くるみの選び方

脂質を多く含むため酸化しやすい。ただし、酸化しても見た目は変わらないため、袋に入った状態では判断が難しいので、表示の賞味期限を確認して、できるだけ鮮度のよいものを選ぶ。また、ひび割れの少ないものを選ぶのもポイント。ひび割れが少ないのは酸化が進んでいない証。

◯保存

保存袋に入れ、常温で6日ほど。

《材料》作りやすい分量

くるみ（素焼き、無塩）…100g

シロップ

- 砂糖…40g
- 水…30㎖
- 水あめ…20g

揚げ油…適量

壱の重 口取り
こんな一品も

くるみのあめ煮

大きな実に栄養が豊富に含まれているくるみは、繁栄を表す食材とされている。また、その形状が脳に似ていることから、知恵や長寿の象徴としても捉えられている。さらに、かたい殻の中に多くの実が詰まっていることから、家族円満の願いも込められている。

くるみは素焼きを使い、ゆでこぼしてアクを抜く。

シロップがしっかりからまるまで煮詰める。

焦げやすいので気をつける。

《作り方》

① ［アクを抜く］
鍋にたっぷりの湯を沸かし、くるみを入れて2分ゆで、ざるに上げて水気をきる。これをさらに2回繰り返し、しっかりアクを抜く。

② ［シロップで煮る］
鍋にシロップの材料を入れ、中火で煮詰める。粘り気が出てきたら**1**を加え、汁気がほぼなくなり、くるみにシロップがからむまで煮詰め、バットに取り出す。

③ ［揚げる］
フライパンに揚げ油を深さ1.5㎝ほど入れ、中火で160℃に熱して**2**を熱いうちに入れ、ざっと広げる。表面がきつね色になるまで4〜5分かけて揚げる。

④ 揚がったくるみをクッキングシートに取り出し、広げて冷ます。キッチンペーパーで油を拭き取り保存する。

覚書き

揚げる

- あめ煮にしたくるみは冷めるとくっつくので、熱いうちに作業を進める。口径の広いフライパンを使う方が、くるみ同士がくっつくのを防げる。
- 揚げたてはべとべとしているが、時間が経つとつやっとする。くっついたくるみは、十分に冷めてから手で割る。

壱の重　口取り
こんな一品も

琥珀糖「初氷」

江戸時代に考案された寒天に砂糖を加えた錦玉糖を、くちなしの実で琥珀色に染めたことから琥珀糖（こはくとう）呼ばれるようになった。貴重でぜいたくな砂糖をたっぷり使った美しい色合いの琥珀糖は幸運や繁栄の象徴ともなり、縁起のよいおせちにふさわしいひと品とされる。ここでは常緑の松の型に抜き、金箔を模したゆず皮でめでたさを表現し、冬の季語・初氷（はつごおり）と名付けた。

寒天は煮詰めることで凝固力がアップする。

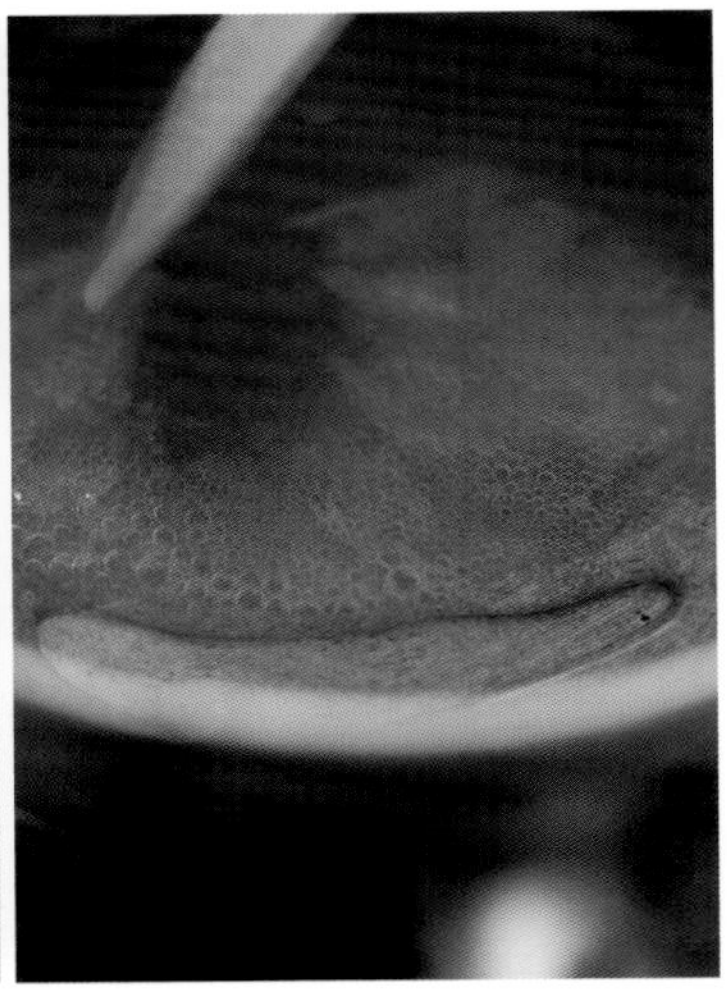

なるべく無駄が出ないように詰めて型抜く。

3日くらいで表面が乾き、砂糖の結晶ができ始める。

風通しのよい網の上に並べ、表面がシャリッとするまで乾かす。

◯保存

保存容器に入れ、常温（高温多湿の場所はNG）で2週間ほど。冷蔵保存は温度変化で結露する場合があるので避ける。

《材料》流し缶10.5×15㎝1台分

水…160㎖
粉寒天…4g
グラニュー糖…230g
A
ゆず果汁…20㎖
レモン果汁…小さじ1
ゆず皮（細切り）…1/5個分

《作り方》

［寒天液を作る］

① 鍋に分量の水、粉寒天を入れて中火にかけ、混ぜながら煮溶かす。沸騰したら弱火にし、沸騰した状態を保ってさらに1分30秒ほど混ぜながら煮る。

② 1にグラニュー糖を加え、グラニュー糖が溶けて全体が均一になるまで煮る。表面に浮く白い泡を取り除いて火から下ろし、Aを加えてムラなく混ぜる。

［固める］

③ 流し缶（またはバット、角型など）に2を熱いうちに厚さ1㎝になるように流し入れる。そのまま固まるまでおく。

［型で抜く］

④ しっかり固まったら流し缶から取り出し、好みの型で抜く。クッキングシートの上に間隔を空けて並べ、風通しのよいところにおいて乾かす。

［乾かす］

⑤ 4の表面が乾いたら網の上に裏返して並べ、表面が結晶化して白っぽくなりシャリッとするまで5〜6日乾かす。この間、ときどき上下を返す。

覚書き

寒天液を作る
- 寒天は必ず1〜2分沸騰させないと、凝固率が下がり固まりにくくなる。

固める
- 表面に細かい泡が浮いてくるので、冷えて固まる前に竹串でつぶすなどして消す。あれば食品用アルコールスプレーを1〜2回吹きかけるとよい。

型で抜く
- ここでは幅45㎜の松型を使用。抜き型がなければ、好みの形に切り分ける。

乾かす
- 室温や湿度によって結晶化までの日数は変わるので、様子を見ながら乾かす。
- ラップをかけると蒸れるので、ほこり除けには食品用のネットを利用するとよい。
- 1日目は透き通ってペタペタした状態だが、3日目になると透明感がなくなり、表面がざらざらしてべたつき感がなくなる。この状態になったら裏返す。
- 網にのせて乾かすと、その跡が波のように見える。

壱の重　口取り
こんな一品も

ゆり根きんとん「松の雪」

花びらのように鱗片が幾重にも重なることから「歳を重ねる」、その重なり合う様子から「和合（わごう／仲がよいこと）」に通じ、また、重なる鱗片を子宝に見立て「子孫繁栄」の縁起を担ぐともいわれている。さらに、栄養価が高く薬膳や漢方に用いられてきたゆり根は、「無病息災」を象徴する食材とされている。

◯ゆり根の選び方

色が白く、鱗片に張りがあってしっかり重なり合い、全体が締まっているものを選ぶ。黒ずみや傷があるもの、しなびているものは避ける。紫色がかった部分は苦い場合がある。おがくずの中に入った状態なら、そのままで2〜3か月は鮮度が保たれる。

◯保存

保存容器に入れ、表面が乾かないようにラップを密着させ、冷蔵で5日ほど。

《材料》8個分

ゆり根…220g（正味180g）
砂糖…60g
抹茶…小さじ½

《作り方》

［裏ごしする］

① ゆり根はおがくずを洗い流して1かけずつはがし、変色したり、汚れている部分を包丁でそぎ取る。

② 鍋に湯を沸かし、1をやわらかくなるまでゆでる。竹串を刺してみて、スッと通ればざるに上げて水気をきり、必ず熱いうちに裏ごしする。

［砂糖を加える］

③ 鍋に2を戻し入れて砂糖を加え、弱火にかけて木べらで2分ほど練り混ぜる。砂糖が完全に溶けて全体が少しもったりしたら、ボウルなどに取り出して冷ます。

［抹茶生地を作る］

④ 粗熱が取れたら⅓量を別のボウルに取り、抹茶を加えてムラなく混ぜる。

［茶巾に絞る］

⑤ 白い生地と4の抹茶生地をそれぞれ8等分する。

⑥ 水にぬらしてかたく絞ったガーゼ（またはさらし）を手のひらに広げ、中央に4の抹茶生地をのせ、その上に白い生地を重ねて包むように丸め、口をねじって形よく茶巾に絞る。

覚書き

砂糖を加える

- 練り上がったきんとん生地は、乾燥しないようにかたく絞ったぬれ布巾をかけて冷ます。

茶巾に絞る

- ガーゼ、さらしがなければ、ラップを使う。
- 茶巾絞りの茶巾は、茶道の点前で茶碗を拭くときに使う白い麻布のこと。きんとん生地など、やわらかいあん状にしたものを茶巾で包んで丸め、口を絞って絞り目をつけたものを茶巾絞りと呼ぶ。茶巾絞りにすると、盛りつけしやすく、見た目もかわいくなる。

ゆりの球根で、収穫まで約3年と時間と手間がかかる。

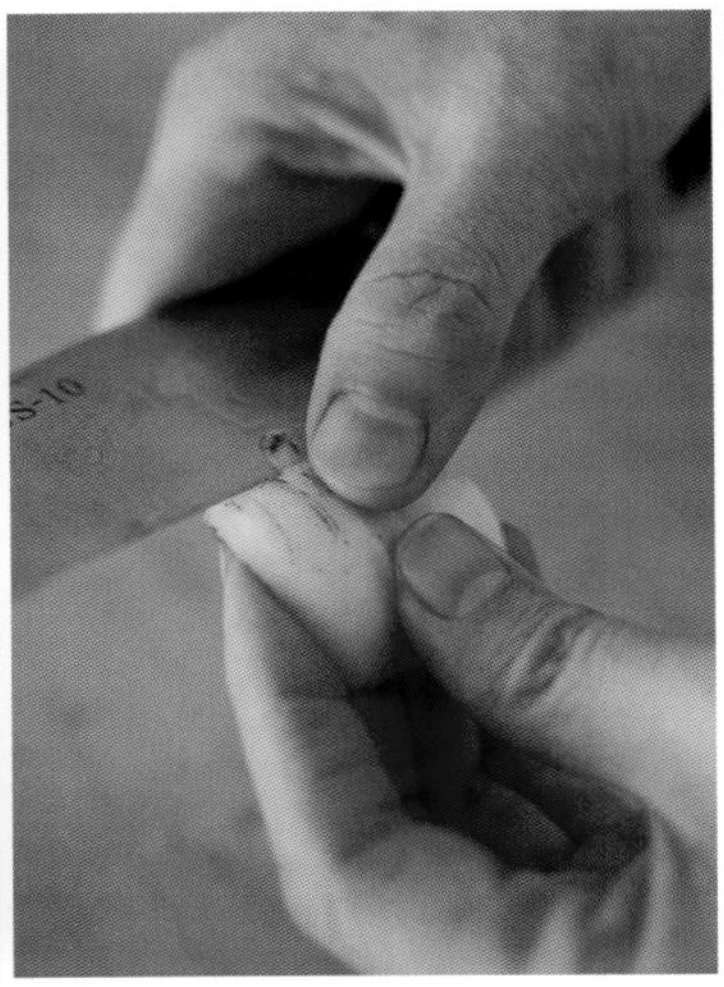

変色や汚れている部分を包丁でそぎ取る。

水分をとばし、茶巾に絞れるかたさに練る。

二層にして絞れば、彩りも華やかになる。

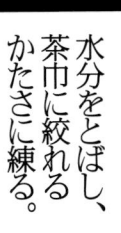

壱の重　口取り
こんな一品も

くわいと ゆり根の素揚げ

「芽出たい」「芽が出る」くわいと、「子孫繁栄」「無病息災」の縁起を担ぐゆり根。おせちに欠かせない食材を合わせて幸を呼び込むひと品に。

小粒のくわいを皮付きのまま揚げる。

《材料》作りやすい分量

くわい（小。姫くわいなど）…10個
ゆり根…1個
揚げ油、塩…各適量

《作り方》

［下ごしらえ］

① くわいは底を薄く切り落とし、芽を1㎝ほど残して切る。

② ゆり根はおがくずを洗い流して1かけずつはがし、変色したり、汚れている部分を包丁でそぎ取る。大きいものは半分から3等分に切る。

［揚げる］

③ 揚げ油を170℃に熱し、**1**、**2**をそれぞれ素揚げにする。竹串を刺してみて、スッと通れば揚げ上がり。油をきって熱いうちに塩をふる。

○保存

揚げたてがベストのおいしさなので、食べきりで。

覚書き

下ごしらえ
・くわいは芽を折らないように注意する。

揚げる
・くわい、ゆり根の独特のえぐみが、揚げることでほどよく抜けておいしさが引き立つ。

貳の重

海の幸中心の、焼き物と酢の物で豪華に。

ぶりの漬け焼き

「寒ぶり」と称され、冬場に脂がのっておいしさのピークを迎えるぶり。関東ではわかし、いなだ、わらさ、ぶり。関西ではわかな、つばす、はまち、めじろ、ぶりと成長とともに呼び名が変わる「出世魚」の代表格は、立身出世を願う縁起物として、おせちには欠かせない魚となっている。

◯ぶりの選び方

身につやや透明感があり、きめ細かくふっくらと盛り上がっているもの。血合いが鮮やかな紅色をしていて、切り身の切り口の角がしっかり立っているものが鮮度のよい証。鮮度が落ちてくると身が白濁し、血合いは黒ずんでくる。

◯保存

保存容器に入れて表面が乾かないようにラップを密着させ、冷蔵で3日ほど。

《材料》4人分

ぶり（切り身）…4切れ
漬けだれ
　しょうゆ…大さじ2
　酒…大さじ2

《作り方》

［形を整える］

① ぶりは、詰める重箱の大きさや深さに合わせ、1切れを2〜3等分に切る。

［漬けだれに漬ける］

② バットなどに漬けだれの材料を合わせ、**1**を並べ入れて1時間〜ひと晩漬け込む。途中で上下を返し、全体に味を均一に含ませる。

［焼く］

③ キッチンペーパーなどを広げた上に**2**のぶりを並べ、汁気を拭き取る。

④ 十分に予熱した魚焼きグリルに並べ、焦がさないように両面を焼く。全体に八分通り火が通ったら、表面に刷毛で漬けだれを塗り、乾いたらまた塗るというように3〜4回繰り返し、つやよく焼き上げる。

覚書き

形を整える
- 焼き縮みも計算して、切り分ける大きさを決める。

漬けだれに漬ける
- 漬け込む時間によって味は変わる。焼いてすぐ食べるようなら1時間でもよいが、保存性を求められるおせちには、ひと晩漬け込んでしっかり味をつける。

焼く
- あらかじめ、グリルの網に油を塗っておくとくっつきにくくなる。
- 片面グリルの場合は、先に切り身の表側を下にして焼く。
- 魚をひっくり返すのは1回。その際、身を崩さないように十分気をつける。
- 漬けだれを塗ってからは焦げやすいので注意する。

おせちには、肉厚で形の整った背身が向く。

重箱に詰めやすい大きさに切る。

すぐに食べないおせちでは、ひと晩漬けて味をしっかり含ませる。

漬けだれを塗りながら、こんがりときれいな焼き色をつける。

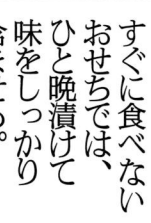

えびの旨煮

弐の重　煮物

長いひげを老人に例えて「海老」と書き、火が通ると背が丸くなる「腰折れ」と呼ばれる姿から、ひげが伸び、腰が曲がるまで元気でいられるようにとの長寿への願いが込められた。また、えびは脱皮を重ねて成長するので、出世を願うものともされる。鮮やかな紅白の縞模様は、めでたさの象徴でもある。

「巻」と呼ばれる15㎝ほどの生きた車えびを使う。

食した際に口に刺さる頭部の角や触覚を切り落とす。

尾の縁は斜めに、中央にある剣先は先端を切り落とす。

ゆでると自然と「つ」の字に曲がる。

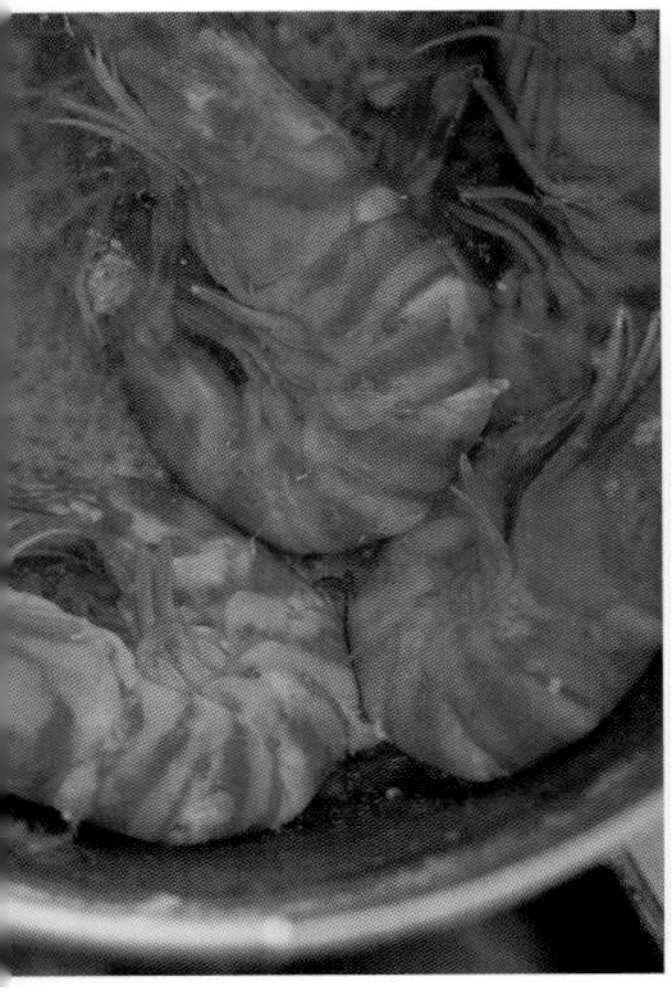

◯車えびの選び方

できれば生きた車えび「活けえび」を用意する。活けえびは加熱しても生臭みが出ず、仕上がりの色形が美しい。縞模様がくっきりと鮮明で、殻から身が透けて見えるものを選ぶ。鮮度が落ちてくると白っぽくなる。

◯保存

保存容器に入れて表面が乾かないようにラップを密着させ、冷蔵で3日ほど。

《材料》4人分

車えび（有頭。生きたもの）…4尾

煮汁
- 酒…100㎖
- 砂糖…大さじ1強
- 塩…小さじ1/3

《下準備》

- 車えびがおがくずに包まれている場合は、大きなポリ袋におがくずごと移し（えびを取り出す際におがくずが飛び散らないように）、えびを傷つけないように1尾ずつ取り出して水でおがくずを洗い流し、氷水に入れる。跳ねて暴れるえびは、氷水にしばらく浸けておくと仮死状態になり、扱いやすくなる。

《作り方》

［えびの形を整える］

① えびは洗って水気をきり、背を丸めるようにして持ち、節と節の間に竹串を刺し入れて背わたをすくうようにして抜き取る。

② 角、頭の先、ひげ、足、剣先、尾をキッチンばさみで切り揃える。

［下ゆで］

③ 湯を沸かして**2**を入れ、殻が赤くなり、「つ」の字になるまでゆでる。ざるに上げて水気をきる。

［煮る］

④ 小鍋に煮汁の材料を入れて煮立て、**3**のえびを1尾ずつ入れ、中火で5分煮る。火を止めて、そのまま冷ます。

覚書き

えびの形を整える
- えびが動いても押さえられるように、かたく絞ったぬれ布巾で包むように持つとよい。
- 角や頭の先、尾が短すぎると仕上がりの姿が悪くなるので、切りすぎないように注意する。
- えびは手の熱でも傷んでしまうので、作業は手早く。整え終わったえびは氷水に浸けておく。

下ゆで
- 氷水に浸けられて仮死状態だったえびが湯に入れると目を覚まして飛び跳ねる場合があるので、十分注意する。

煮る
- 頭の部分にしっかり火が通るように煮る。

いかの黄金焼き

うにを塗り重ねた「黄金色」には、金運を呼び込み豊かな一年への願いが込められている。さらに、いかは「お足（お金）が多い」ので「お金に困らない」とされる縁起物。末広がりの扇形は繁栄・開運の吉祥を表し、「仰ぐ」に通じる扇は、福を招き、邪気を避けると考えられ、おせちに多用される形。

紋甲いかの選び方

肉厚でやわらかく、甘みと旨みが豊かな紋甲いかは食べ応えがあり、加熱調理してもかたくならず、ほどよいやわらかさがある。ここでは両面の薄皮をむいた上身の冷凍品を使用。解凍後そのまま使うことができ、手間いらずで便利。

保存

保存容器に入れて表面が乾かないようにラップを密着させ、冷蔵で3日ほど。

《材料》4人分

紋甲いか（冷凍、生食用。両面皮むき）…200g

うに衣

- 粒うに…小さじ1
- 卵黄…½個分
- みりん…小さじ1弱

《下準備》

- いかは冷蔵庫で自然解凍、あるいは流水で解凍する。
- 解凍したいかの上身1枚から5cm幅に切り出す場合は、えんぺら側から頭側に向かって縦方向に切る。

《作り方》

［串を打つ］

① いかは水気を拭き取って広げ、5cm幅に形を整える。

② **1**の両端に金串（20cm長さ）を1本ずつ縦にまっすぐ打つ。

③ **2**で打った金串の間に、等間隔で金串1〜2本を縦にまっすぐ打つ。

［素焼きにする］

④ 十分に予熱した魚焼きグリルに入れ、火が通るまで焼く。

［うに衣を塗る］

⑤ ボウルにうに衣の材料を合わせ、なめらかになるまで混ぜる。

⑥ **4**の表面に浮いた水分を拭き取り、**5**のうに衣を上面に薄く均一に塗り、弱火で乾かすように焼く。

⑦ 表面を指で触って確かめ、乾いていたら、再びうに衣を薄く塗り重ねて焼く。これをあと2回繰り返し、黄金色に焼き上げる。

⑧ 熱いうちに金串を抜き、網にのせて冷ます。

［扇形に切る］

⑨ **8**が冷めたら、扇形になるように切り分け、竹串を打つ。

覚書き

串を打つ

- いかは加熱すると丸まってしまうので、それを防ぐために金串を打って焼く。
- いかをまな板などの上におき、金串が表面に飛び出ないようにまっすぐ打つ。
- 左右に打った金串の間隔に応じて、間に打つ本数を決める。

素焼きにする

- 焦げ目がつかないように注意して焼く。
- 金串は、仕上げで抜きやすいように焼いている途中でくるくると回しておく。

うに衣を塗る

- うに衣はたっぷり塗ると乾きにくく、乾いてから塗らないとはがれてしまう。

扇形に切る

- ここでは先が二股になった「松葉串」を刺した。

両面の薄皮をむいた生食用の冷凍品。解凍後も手間いらず。

表面に串が飛び出さないようにまっすぐ打つ。

焦がさないように素焼きにし、水分をとばす。

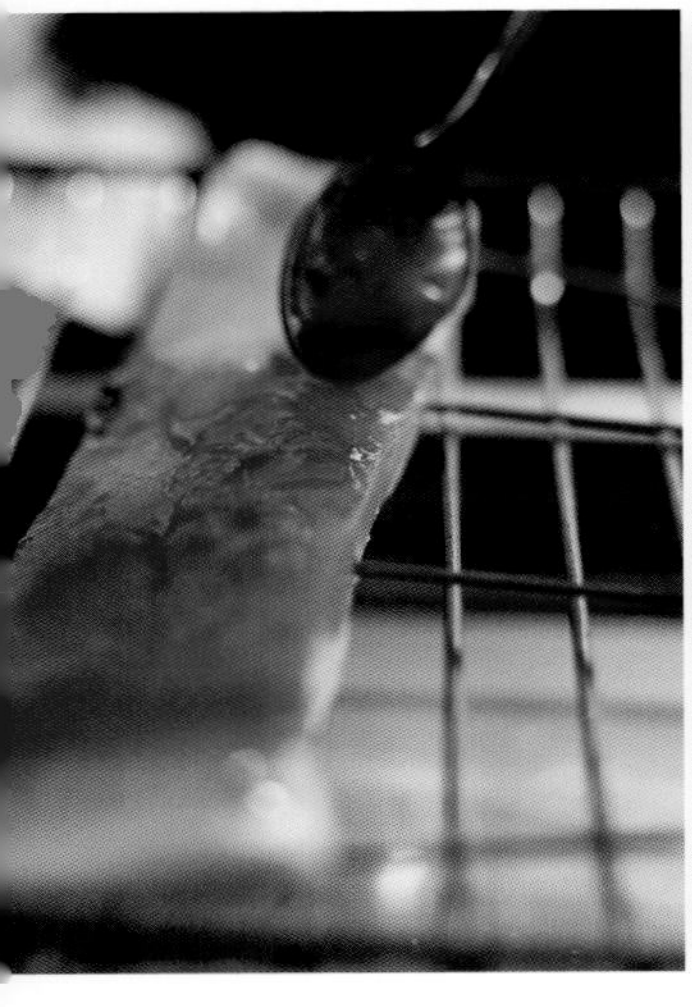

塗っては焼きを繰り返し、輝く黄金色に仕上げる。

◯保存
必要な分を切り出し、残りは保存容器に塊のまま入れ、表面が乾かないようにラップを密着させ、冷蔵で6日ほど。

《材料》10.5×15㎝の流し缶1台分
鶏ひき肉…250g
れんこん…70g
卵…1個
A
赤だしみそ…30g
白みそ…20g
砂糖…大さじ2
みりん…大さじ1
みりん…大さじ1
けしの実…適量

《下準備》
・オーブンを170℃に予熱する。

《作り方》
[肉だねを作る]
① 卵は割りほぐし、大さじ1分を取り分ける。
② れんこんは粗く刻む。

貮の重 焼き物

松風

松風（まつかぜ）は、『浦寂し、鳴るは松風のみ』という謡曲の一節がその名の由来とされる。表はけしの実がふられて趣があるが、裏は無地で寂しい。この〝裏が寂しい〟が語呂合わせで〝浦寂しい〟に変わり松風となる。「裏には何もない」ことが隠し事のない様子を表すとされ、「新しい年も正直に」の願いを込めておせちに加えられるようになったといわれている。

すき間ができないようにしっかり詰める。

スプーンの背で塗り広げる。

冷めてから切り分けると、きれいな切り口になる。

③ ボウルに鶏ひき肉を入れ、**1**の取り分けた残り、**A**を加えて粘りが出るまでよく練り混ぜる。

④ **2**を加えて混ぜ合わせる。

［流し缶に詰める］

⑤ 流し缶に**4**を入れ、ゴムべらで均一の厚さに広げながら四隅までしっかり詰め、平らにならす。

［けしの実をふる］

⑥ **1**で取り分けた溶き卵にみりんを加え、よく混ぜる。

⑦ **5**の表面に**6**をスプーンで塗り広げ、けしの実を全体にふる。

［焼く］

⑧ １７０℃のオーブンで約20分焼き、冷ます。

［切り分ける］

⑨ **8**が完全に冷めたら流し缶から取り出し、四方を切り落として形を整え、適当な大きさに切り分ける。

覚書き

けしの実をふる
- 表面にみりんを加えた溶き卵を塗ることで、けしの実がしっかりとつく。

焼く
- オーブンから出して、中央を押さえてみて弾力があれば焼き上がり。へこむようならさらに5分焼く。

切り分ける
- 温かいうちに切ると崩れやすいので、しっかり冷まして生地を締めてから包丁を入れる。

貳の重 蒸し物

蒸しあわび

古来より日本の神事や慶事に欠かせないあわびは、神饌（しんせん）として伊勢神宮に奉納されることから「御貝（おがい）」とも呼ばれる。贈答品などに添えられる熨斗（のし）は、もともとあわびの身を薄くそぎ、長く引き伸ばして乾燥させたもので、「熨斗あわび」という。ここから「長く伸び」「長く続く」に通じ、長寿、発展、末永い幸せを願う縁起物とされた。また、あわびは20年ほど生きることから、不老長寿の象徴とされる。

（ 蒸しあわび ）

◯あわびの選び方

加熱調理には「めがいあわび」がむく。まずは生きていることが前提。持ったときに重く、身に傷がなく肉厚できれいなクリーム色をしているもの。指で押したときに身が締まり、えんがわが殻にすき間なくくっついているものを選ぶ。

◯保存

殻とは別にして保存容器に入れ、表面が乾かないようにラップを密着させ、冷蔵で3日ほど。

《材料》4人分

あわび（生きたもの）
…小4個（1個約70g）
塩…適量
酒…大さじ1

《下準備》

- P.140［蒸し器］を参照して蒸し器の準備をする。

たわしで
こすり洗いし、
ぬめりと
汚れを落とす。

身の部分以外の
黒い部分を
たわしで洗って
きれいにする。

蒸気の上がった
蒸し器に入れ、
強火で蒸す。

蒸し上がった
あわびは、
重しをかけて
形を整える。

ナイフを前後に動かして殻から貝柱をこそげ取る。

殻にくっついている薄い膜を手ではがしながら身を取り出す。

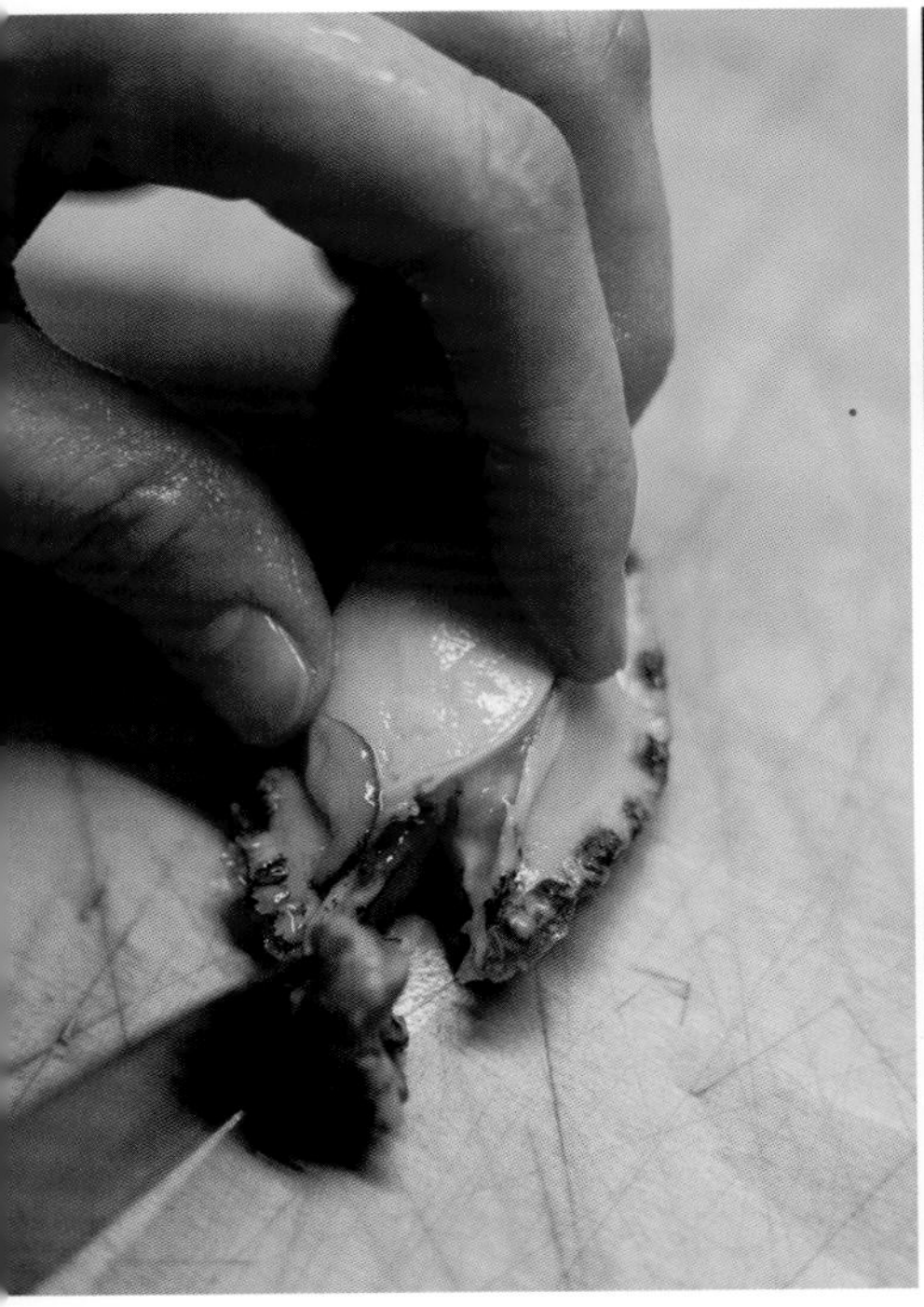

口は包丁の切っ先でV字に切り込みを入れて取り除く。

《作り方》

［洗う］

① あわびは流し台の蛇口の下で流水を当てながら、たわしでこすってぬめりや汚れを落とす。まず殻を洗ってから身側を洗う。汚れが取れると身の黒っぽい部分が少し白くなる。

［身をはずす］

② 口のある殻の薄い方を手前にし、口の右横から身と殻の間にテーブルナイフなどを差し込む。

③ 殻に沿ってナイフを少しずつ動かし、殻の中央にある貝柱をこそげ取るようにしてはずす。

④ 貝柱がはずれたらナイフを抜き、手で薄い膜をはずしながら、わた袋を破かないように注意して殻から身をはずす。

［上身にする］

⑤ 貝柱に沿ってついているひもと肝を手で引っ張ってはずす。

⑥ まな板に貝柱を上にしておき、口の部分に包丁でV字に切り込みを入れ、そのまま切り落とす。

⑦ 再度たわしでこすり洗いをし、水気をきる。殻も再度きれいに洗い、水気をきる。

［蒸す］

⑧ バットに貝柱を上にして並べ入れ、軽く塩をふって酒を回しかける。

⑨ 蒸気が十分に上がった蒸し器にバットごと入れ、強火で40分ほど蒸す。

［冷ます］

⑩ 蒸し上がったらバットごと取り出し、重しとしてバット数枚をのせて冷ます。

［盛りつけ］

⑪ 10のあわびを食べやすい厚さに切り分け、7の殻に盛る。

覚書き

洗う
- 身の周りのえんがわ部分に汚れが溜まるので、丁寧に洗う。

身をはずす
- あわびの殻の下に布巾などを当てて作業をすると安定し、けがなどが防げる。
- テーブルナイフを深く入れると肝を傷つけてしまうので注意する。

上身にする
- 再度洗うとき、たわしでえんがわの黒い部分をこすってきれいに落とす。

蒸す
- 蒸し時間はあわびの大きさによって調整する。
- 途中で湯が足りなくなったら適量足す。
- あわびは長く蒸すほどやわらかくなるが、旨みは抜けてしまう。ここではあわびの味を残すため、40分を目安とした。

冷ます
- 熱い状態でそのままおくと身が縮んでしまうので、それを防ぐために重しをする。重しによって身が広がり、厚みも均一になる。

貳の重　煮物

竜眼あなご

日本では「巻く」ことそのものが福を呼ぶとされ、おせちには巻く料理が多くある。巻き物の形状に通じ、くるくると巻かれた形状が巻を願うものとされる。学問や習い事成就を願うものとされる。また、うずら卵を芯に巻いた形が富を表す米俵に似ていることから、「五穀豊穣」「商売繁盛」などの意味もある。天に駆け上る龍の眼に見立て、運気上昇、富と幸福をもたらす縁起物とされる。

◯あなごの選び方
開き身は、身が透き通るように白くてつやがあり、皮にも光沢があるものを選ぶ。透明感があり、身がふっくらと厚いものが新鮮な証。

◯保存
保存容器に煮汁ごと入れて表面をラップで覆い、冷蔵で5日ほど。

小ぶりなあなごを選ぶ。

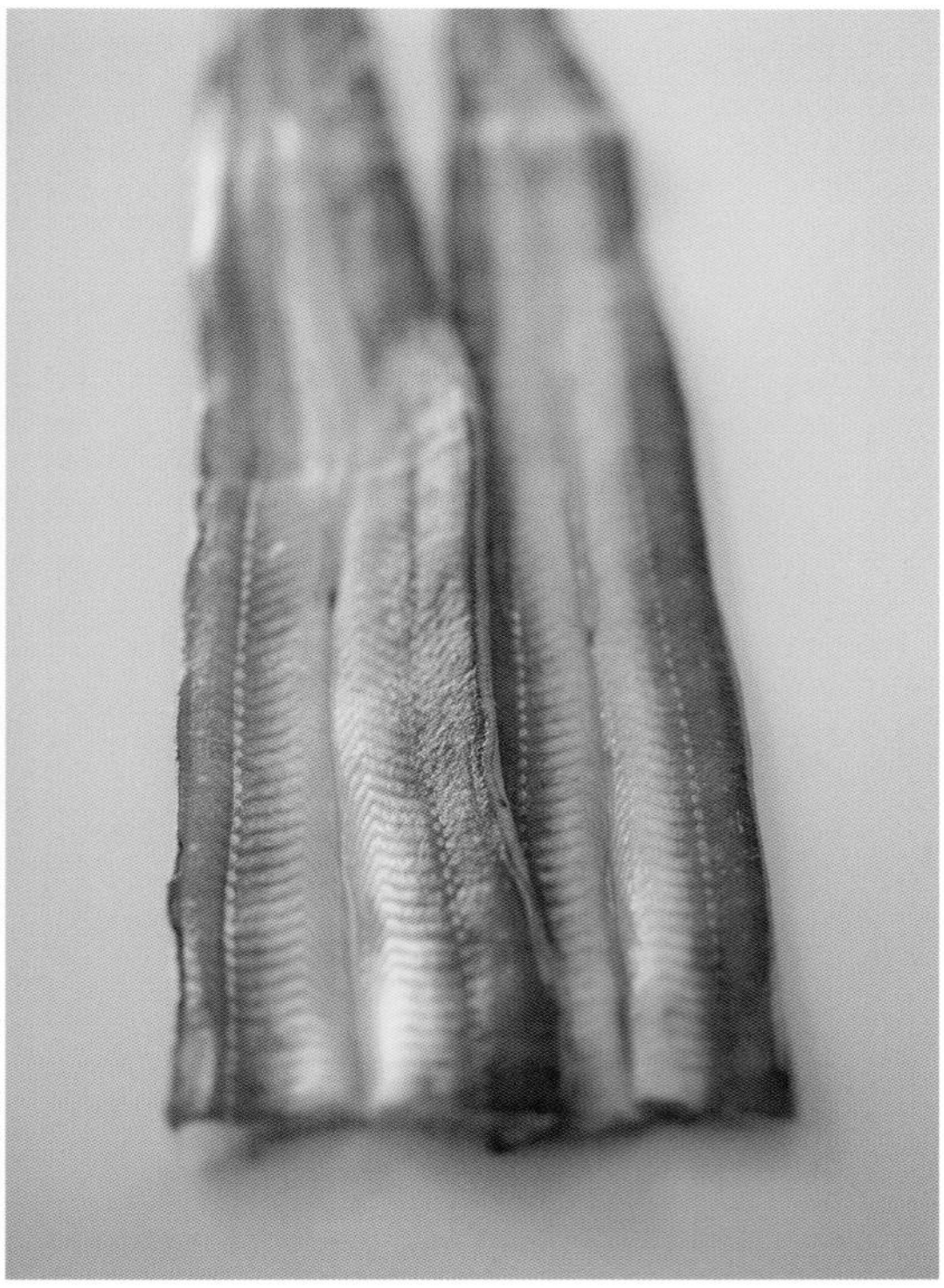

熱湯をかけると皮のぬめりが浮いてくる

《材料》4人分
あなご（開いたもの）
…小6尾（約4.5×30㎝）
うずら卵（ゆでたもの）…6個
煮汁
昆布だし…150㎖
酒…50㎖
しょうゆ…大さじ1½
みりん…大さじ1
砂糖…大さじ1
小麦粉…適量

《作り方》
［ぬめりを取る］
① あなごはまな板に皮目を上にして並べておく。頭側が上になるようにまな板を傾けてシンクにおき、熱湯を全体にまんべんなくかける。
② 白っぽくなったら氷水に取って冷ます。
③ 水気をきって皮目を上にしてまな板におき、熱湯で白くなったぬめりを包丁の刃先でこそげ落とす。
④ 包丁で取りきれなかったぬめりは、キッチンペーパーで拭き取る。
⑤ 水でさっと洗い、水気をよく拭き取る。
［うずら卵を巻く］
⑥ 5を皮目を上にして、頭側を手前にして縦におき、茶こしで小麦粉を薄くふる。
⑦ うずら卵を手前の中央におき、くるくるとかたく巻く。
［たこ糸でしばる］
⑧ 巻き終わったらたこ糸で十文字にしばる。

白く固まった
ぬめりを
こそげ取る。

うずら卵を
芯にして
きっちり巻く。

たこ糸を
十字にかけて結ぶ。

［煮る］

⑨ 小鍋に煮汁の材料を入れて煮立て、**8**を入れて中火にする。再び煮立ったらアクを取り、落とし蓋をして弱めの中火で20分ほど煮る。

⑩ 煮上がったら火から下ろし、そのまま冷まして味を含ませる。

［切る］

⑪ 完全に冷めたらたこ糸を切ってはずし、半分に切る。

覚書き

ぬめりを取る

- 穴子に背びれ、腹びれが残っていたら切り取り、腹骨があればそぎ落とす。
- 熱湯をかけることで皮表面のぬめりが白く固まる。
- キッチンペーパーで拭き取る際、力を入れすぎると身が崩れるので注意する。

たこ糸でしばる

- たこ糸はゆるまないようにしっかり結ぶ。

煮る

- あなごを並べ入れてちょうどいっぱいになる大きさの鍋を選ぶ。

切る

- 形が崩れるので、完全に冷めてから切る。
- うずら卵の黄身が中央になるように調整して切る。

いかの松笠煮

常緑樹で樹齢も長い松は、不老長寿や無病息災を象徴し、縁起がよいとされる。その果実に当たる松笠には、それ自体が鱗片の一枚一枚に種子がつき、子孫繁栄を表す縁起物となっている。さらに、松笠の鱗片が開いたすき間に幸せが舞い込むともいわれている。

包丁をねかせ、斜め格子に切り目を入れる。

末広がりの台形は、扇にも通じるめでたい形。

湯通しをしていかに含まれる水分をとばす。

身がかたくならないように手早く煮からめる。

◯保存
保存容器に入れ、冷蔵で3日ほど。

《材料》4人分
紋甲いか*（冷凍、生食用。両面皮むき）…150g
煮汁
　酒…大さじ2
　しょうゆ…大さじ1
　みりん…大さじ1
七味唐辛子…適量
＊紋甲いかの選び方は、「いかの黄金焼き」（P.55）を参照。

《下準備》
- いかは冷蔵庫で自然解凍、あるいは流水で解凍する。
- 解凍したいかの上身1枚から5cm幅に切り出す場合は、えんぺら側から頭側に向かって縦方向に切る。

《作り方》
［切り目を入れる］
① いかは水気を拭き取って広げ、5cm幅に形を整える。
② **1**の表面に、端から斜め45度くらいに5〜6mm間隔で浅く切り目を入れる。
③ いかの向きを変え、先に入れた切り目に交差させ、格子状になるように**2**と同じ要領で切り目を入れる。

［切り分ける］
④ **3**を長さ5cm、底辺3cm、上辺2cmくらいの台形に切り分ける。

［ゆでる］
⑤ 鍋に湯を沸かして**4**をさっとゆで、ざるに上げて水気をきる。

［煮る］
⑥ 鍋に煮汁の材料を合わせて中火にかけ、煮立ったところに**5**を加える。再び煮立ったらいかを取り出す。
⑦ 鍋の煮汁を煮詰め、**6**を戻し入れて手早く煮からめる。バットなどに取り出して七味唐辛子をふり、冷ます。

覚書き
切り目を入れる
- 加熱すると内側にそるので、切り目は必ず表側に入れる。
- 右端を少し上げて斜め横長におくと切り目が入れやすい。
- 包丁も45度ほど傾け、同じ角度を保って等間隔で切り目を入れていく。

煮る
- 煮すぎるとかたくなるので、煮詰めた汁をからませたらすぐに取り出す。

竜皮巻き

貳の重　巻き物

京都のおせちに欠かせない一品。使われる竜皮昆布の竜皮（りゅうひ／龍皮）は、平安時代に中国から伝わったお菓子に由来する。牛の皮のように黒くてなめらかだったことから「牛皮」と呼ばれていたお菓子が宮中への献上菓子となり、獣食を忌み嫌う当時の文化に則して「求肥」の字が当てられるようになった。ここから、求肥のようになめらかに加工した真昆布を求肥昆布と呼ぶようになり、これが竜皮に転じたとされる。

包丁をねかせて薄いそぎ切りにする。

竜皮昆布は酢で湿らせたキッチンペーパーで両面を拭く。

並べ終わりをまっすぐにすると、切り口が美しい。

すき間があると切る際に崩れるのでしっかり巻き上げる。

◯竜皮昆布の選び方

蒸した真昆布に甘酢や砂糖みつを塗り、何度も風を通して乾燥させたもの。表面に見える白いものは砂糖の成分。肉厚でやわらかく、弾力のあるものが良質。

◯保存

必要な分だけ切り分け、残りは保存袋にラップで包んで入れ、冷蔵で2日。

《材料》作りやすい分量

鯛（刺身用さく）…150g
竜皮昆布…25×15cm1枚
塩、米酢…各適量

《作り方》

[塩でしめる]

① 鯛は包丁をねかせるようにして5mm厚さくらいの薄いそぎ切りにする。
② **1**に軽く塩をふり、バットなどに並べ、3時間から半日冷蔵庫におく。表面ににじみ出てきた水分は拭き取る。

[鯛を並べる]

③ 竜皮昆布は米酢を含ませたキッチンペーパーで両面を拭く。
④ 巻きすの上に**3**の長辺を手前にして置く。奥を5cmほど空けて**2**を1枚ずつ、皮目を下にしてすき間なく並べる。薄い部分は鯛を重ね、厚みを均一にする。

[巻く]

⑤ 巻きすを持ち上げ、手前からすき間ができないようにかたく巻く。
⑥ 巻き終わったら、さらにしごくように巻きすを締め、巻きすの両端を輪ゴムでしっかり留める。
⑦ 乾燥しないようにポリ袋に入れ、冷蔵庫に半日以上おいて形を安定させる。

[切り分ける]

⑧ **7**の巻きすをはずし、1.5〜2cm幅に切り分ける。

覚書き

塩でしめる
- 薄いそぎ切りにしてから塩をふる方が、塩がなじみやすい。

鯛を並べる
- 厚みを揃えるようにして並べると、切り分けたときの断面がきれいになる。
- 巻きすがない場合は、ラップで代用可。

巻く
- 巻き始めのひと巻きを芯にしてしっかり押さえ、ゆるまないように丁寧に巻き上げる。

切り分ける
- 昆布と鯛がずれやすいので丁寧に切り、盛りつける際も注意する。

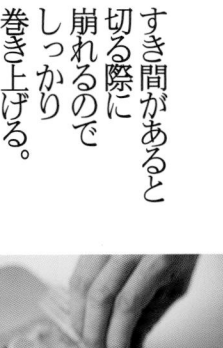

牛肉の八幡巻き

貳の重 焼き物

ごぼうは細く長く根を張ることから長寿を連想させる縁起のよい食材。京都の八幡市で、名産のごぼうにうなぎを巻いて照り焼きにしたのが「八幡巻き」の始まり。現在では家庭でも手軽に作れる牛薄切り肉を使ったものが一般的。にんじんを組み合わせ、おせちには欠かせない「紅白の市松模様」に。

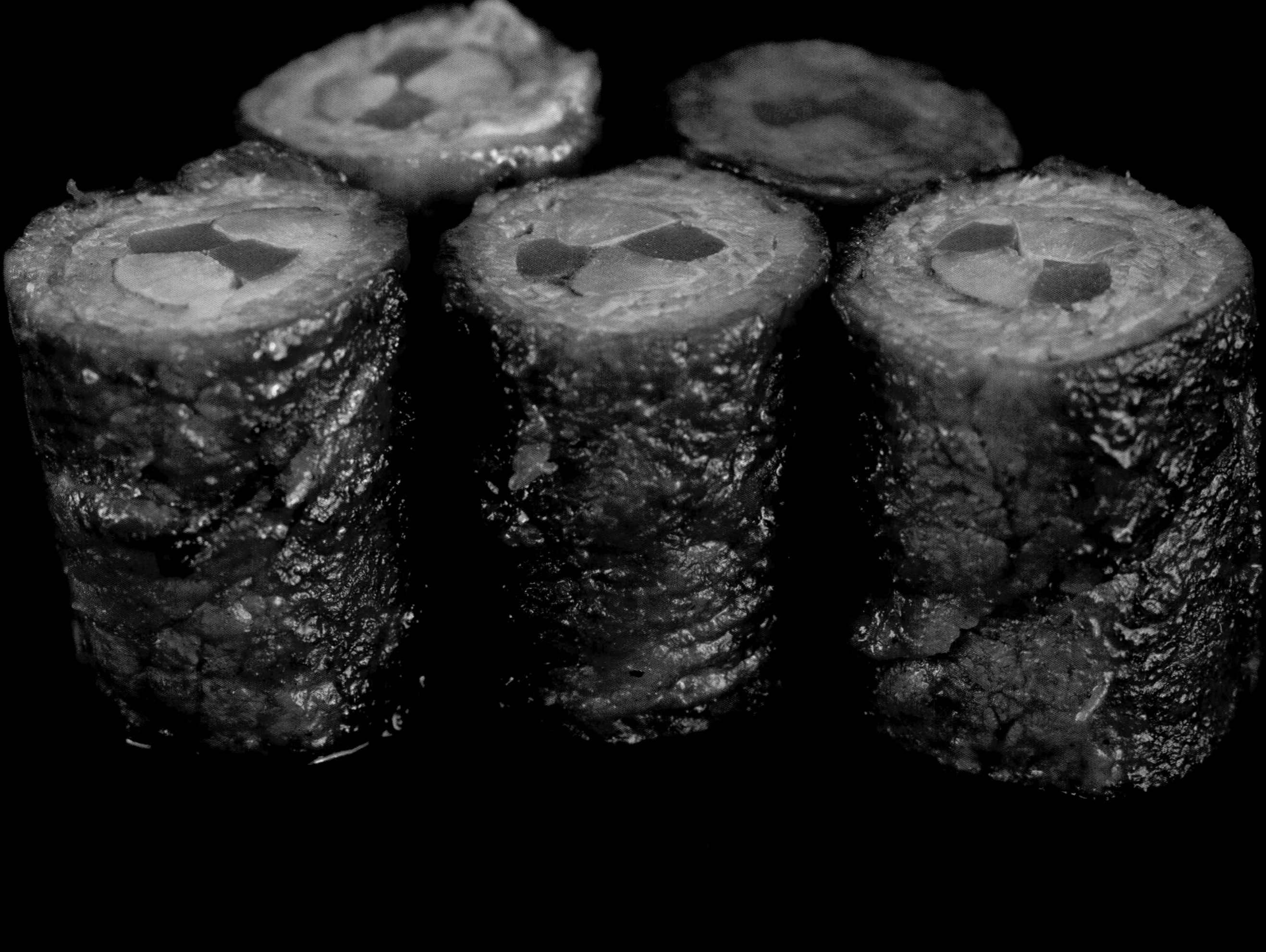

下煮をすることで
日保ちをよくする。

ごぼうと
にんじんを
市松に組み、
牛肉で巻く。

転がしながら
焼き目を
きちんとつける。

強火で
たれをからめ、
照りよく仕上げる。

◯保存

保存容器にたれごと入れ、乾燥しないように表面にラップを密着させ、冷蔵で3日ほど。

《材料》4人分

ごぼう…20㎝
金時にんじん…20㎝
牛薄切り肉（すき焼き用）…4枚（肉の幅が狭い場合は8枚）
煮汁
　だし…100㎖
　薄口しょうゆ…小さじ1
たれ
　しょうゆ…大さじ1
　砂糖…大さじ1
　みりん…大さじ1
　酒…大さじ2
サラダ油…小さじ1

《作り方》

［野菜を下煮する］

① ごぼうは皮をこそげ、10㎝長さ×5㎜角に切り、水にさらして水気をきる。にんじんも同じ大きさの棒状に切る。それぞれ8本ずつ用意する。

② 鍋に煮汁を煮立て、**1**を入れて中火で10分ほど煮る。ごぼうに火が通ったら火を止め、そのまま完全に冷ます。

③ **2**をキッチンペーパーなどに取り出し、汁気をきる。

［牛肉で巻く］

④ **3**のごぼうとにんじんを2本ずつ合わせて市松模様にまとめたものを4セット作る。

⑤ 牛肉を広げて縦長に置き、手前に**4**を1セット分のせ、きっちりと巻く。残りも同様に巻く。

［焼きつける］

⑥ フライパンにサラダ油を中火で熱し、**5**を牛肉の巻き終わりを下にして入れ、焼きつける。

⑦ 巻き終わりがしっかり焼きついたら、転がしながら全体を焼く。

⑧ 軽い焦げ色がついてほぼ火が通ったら、肉から出てきた脂をキッチンペーパーで拭き取る。

［たれをからめる］

⑨ **8**にたれの材料を加えて強火にし、転がしながら煮詰めて全体にからめる。

⑩ 汁気がほとんどなくなるまで煮からめたら火を止め、バットなどに取り出して完全に冷ます。盛りつけるときに1本を3～4等分に切る。

覚書き

野菜を下煮する
- ごぼうは太さに応じて4つ割り、2つ割りなどして指定のサイズに切り出す。

焼きつける
- 巻き終わりを下にして入れたら、肉が焼き固まってくっつくまで動かさない。

たれをからめる
- たれを加えたら、フライパンをふって転がす。

貳の重　酢の物

紅白なます

赤は出生、白は死を意味し、二色で人の一生を表すとされる「紅白」。慶事の象徴する色合わせには、平安・安泰を願いが込められている。細切りのなますは紅白の水引をかたどったものともいわれる。大根もにんじんも地中にまっすぐ伸びることから、「地に足をつける」「家内安全」という意味もある。

○保存

保存容器（酢を使っているのでステンレスやほうろうの容器を使う）に甘酢ごと入れ、冷蔵で6日。

《材料》作りやすい分量

大根…300g
金時にんじん…30g
塩水（塩水濃度3%）
　水…2カップ
　粗塩…大さじ2/3
甘酢
　米酢…80㎖
　砂糖…大さじ3
　塩…小さじ1/3

《作り方》

［甘酢を作る］
① 小鍋に甘酢の材料を合わせてひと煮立ちさせ、大きめのボウルに移して冷ます。

［切る］
② 大根は5〜6㎝厚さの輪切りにして、皮をむく。縦に薄切りにし、少しずらして置き、縦にせん切りにする。にんじんも同様にする。

［塩水に浸ける］
③ 塩水を作って2つのボウルに分け、それぞれに大根とにんじんを入れてしんなりするまで15分ほどおく。

［甘酢に漬ける］
④ 3の水気をしっかり絞り、1に加えてあえる。
⑤ ラップを密着させるようにかぶせ、冷蔵庫に3時間ほどおいて味をなじませる。

覚書き

切る
- にんじんは大根の1割くらいの量にすると、赤くなりすぎずバランスがよい。
- 野菜はできるだけ細く切った方が、しっかり絞れて口当たりもよい。

塩水に浸ける
- 塩が野菜の旨みを引き出す。
- にんじんの方が、しんなりするまで時間がかかる。

甘酢に漬ける
- 余分な水分を除くことで水っぽくならず、味もよくなじむ。

繊維に沿ってできるだけ細く切る。

大根は、水気をしっかり絞ると食感がよくなる。

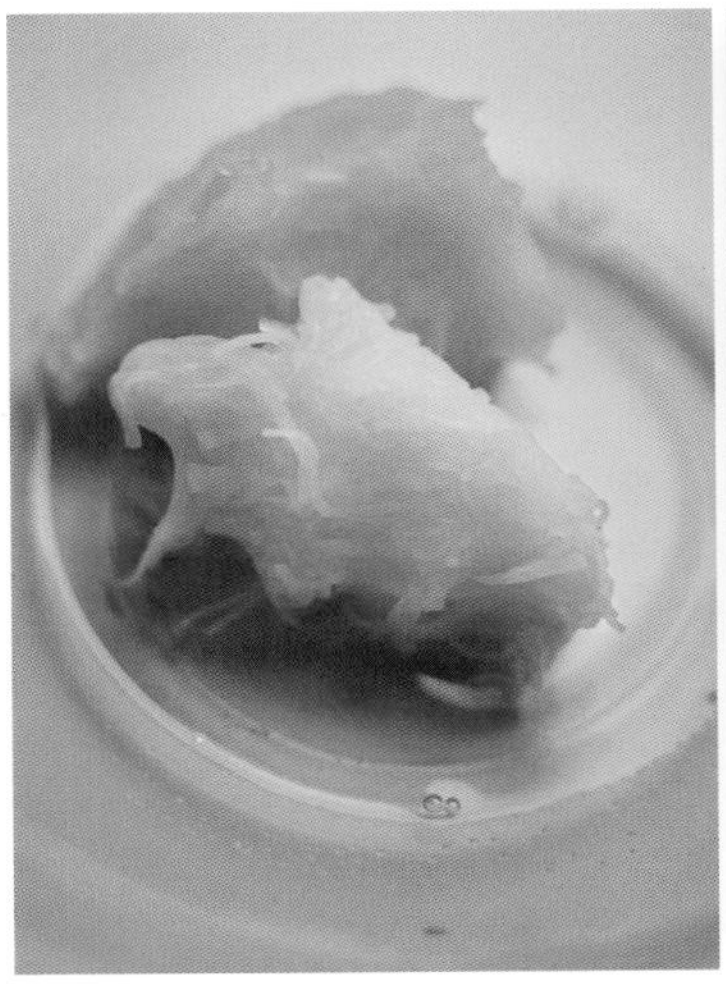

丸くまとまるくらいにぎゅっと絞る。

弐の重 酢の物

花れんこん

まっすぐ通ったいくつもの穴があき、その穴から向こう側が見通せることから「将来の見通しがきく」と縁起を担ぐ。また、種が多いことから多産を象徴し、「子孫繁栄」の意味もある。はすの花は仏教では極楽浄土の池に咲くとされ、その地下茎であるれんこんは清らかで穢れのない食材としておせちに使われるようになったといわれている。

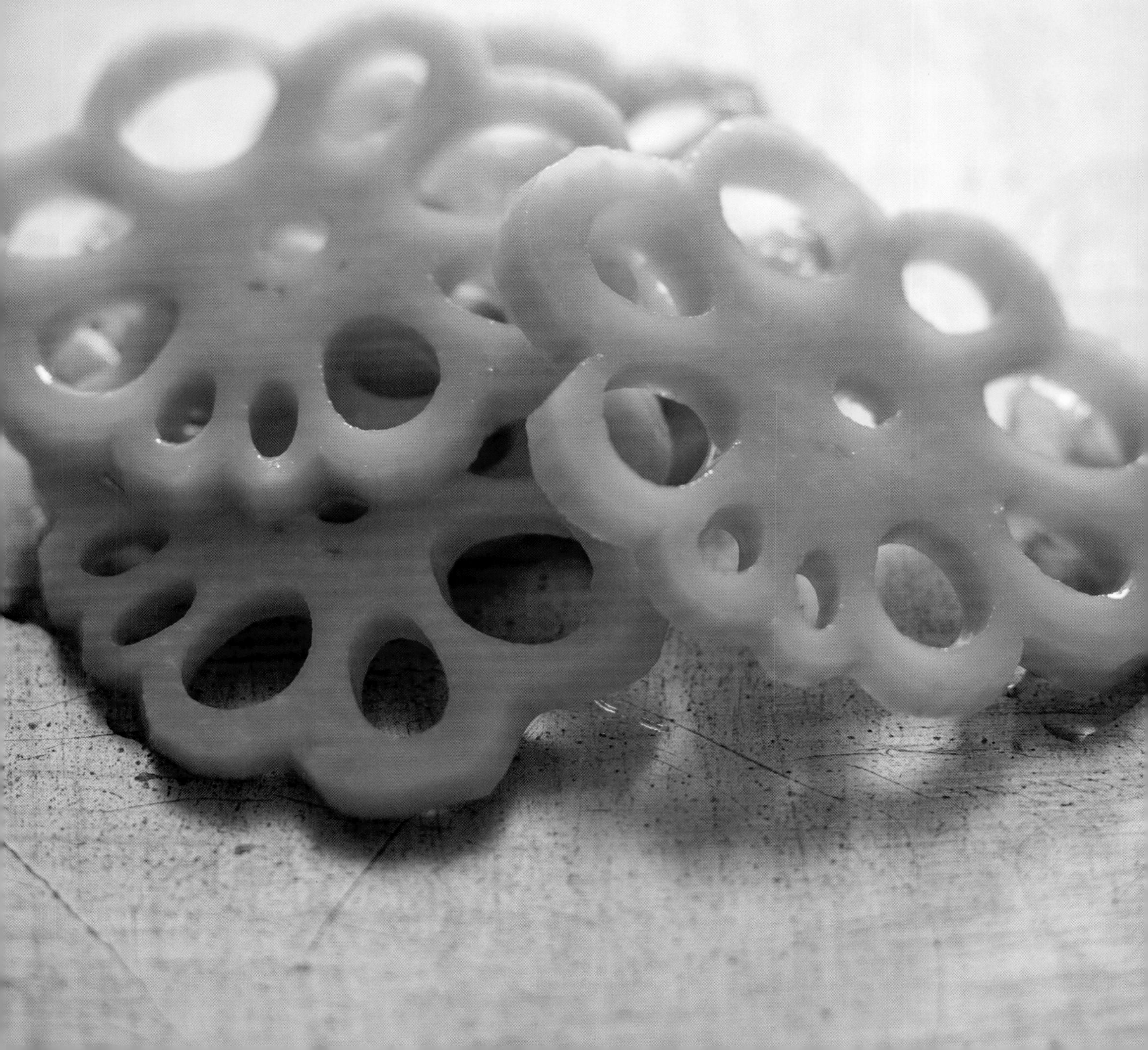

◯れんこんの選び方

ずんぐりと丸くて傷がなく、寸胴型のものを選ぶ。持ったときに重量感があり、しっかりとしたかたさを感じるものが新鮮。カットして売られているものは、表面や穴の中が黒ずんでいるものは時間が経ってアクが回っている証拠。切り口に紫色の部分があるものは避ける。穴は大きさが揃い、小さめの方がおすすめ。

◯保存

保存容器にだし酢ごと入れ、冷蔵で1週間ほど。

《材料》作りやすい分量

れんこん…100g（細めの1節）
だし酢
　だし…100㎖
　米酢…大さじ4
　砂糖…40g
　塩…小さじ½
酢（酢水用）…適量

《作り方》

［花形に切る］

① れんこんは、皮つきのまま節の両端の細くなっている部分を切り落とす。

② 穴と穴との間の中央に包丁を当て、縦に真っすぐ深さ5㎜ほどの切り目を入れる。すべての穴の間に切り目を入れる。

③ **2**の切り目を中心に、左右から45度くらいで斜めに切り込み、V字形の溝を作る。

④ 穴の中央から穴の丸みに合わせて、V字の先に向かってカーブをつけるように角を落としながら皮をむいていく。れんこんを回しながら、切り込みの片側をすべてむく。

⑤ れんこんの上下を入れ替え、反対側を**4**と同様にむいて一周させる。

⑥ 穴の縁の厚さが均一になるように、きれいな花形にむく。むき終わったらさっと水で洗う。

［切り分ける］

⑦ **6**を端から5㎜厚さに切る。切り終わったものから酢水に浸ける。

［だし酢に浸ける］

⑧ 小鍋にだし酢の材料を合わせ、ひと煮立ちさせて冷ます。

⑨ 別鍋に湯を沸かし、**7**を酢水をきって入れ、3分ほどゆでる。ざるに上げて水気をきる。

⑩ **9**を熱いうちに**8**に入れ、冷めるまでおく。保存容器に移し、冷蔵庫に1時間ほどおいて味を含ませる。

覚書き

花形に切る
- 何回かに分けて、丁寧に切り進める。

切り分ける
- れんこんは割れやすいので、ゆっくりと静かに切る。
- 上から押さえるようにして切るのではなく、刃先から斜めに刺し入れてから、手前にストンと落とすようにして切る。

穴と穴の間に1本ずつ切り目を入れる。

切り目の両側から斜め45度に包丁を入れる。

穴の形に沿ってむくと愛らしい花の形に。

ザクッと斜めに入れ、ストンと切り落とす。

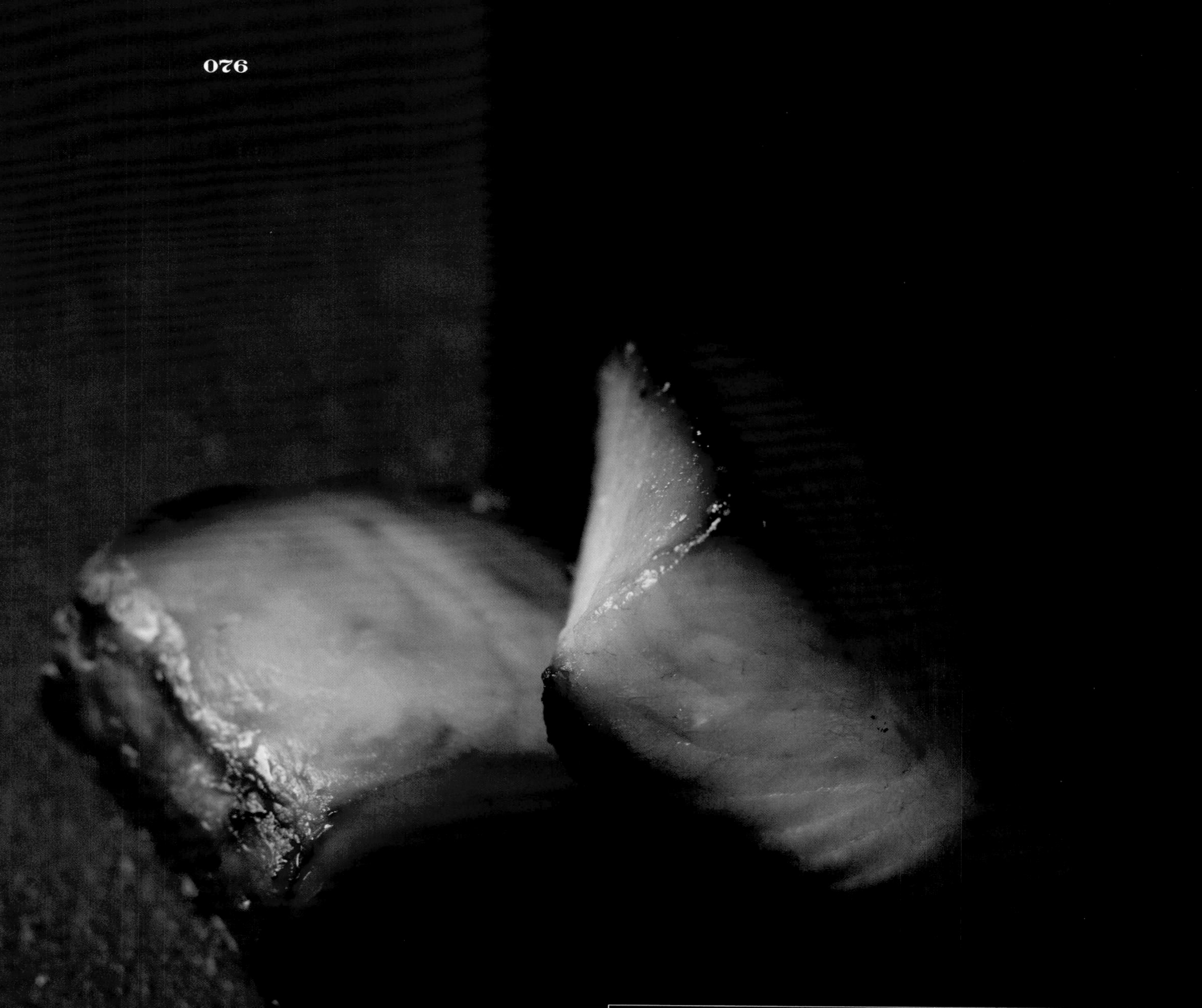

貳の重　焼き物

こんな一品も

さわらの西京焼き

漢字で「鰆」と書き、春の季語ともなっているさわらは、新春にふさわしい魚とされる。また、成長につれて、さごし、やなぎ、さわらと名前が変わる出世魚で、「立身出世」の縁起物としておせちに使われる。西京みそを使ったみそ床に切り身を漬け込む西京漬けは、淡泊で身のやわらかいさわらの持ち味を生かす料理となっている。

白い身が
映えるように、
血合いは
取り除く。

ふり塩で
水分を抜き、
身を締める。

白みその旨みが
身の隅々まで
染み込む。

弱火でじっくりと
焼き上げる。

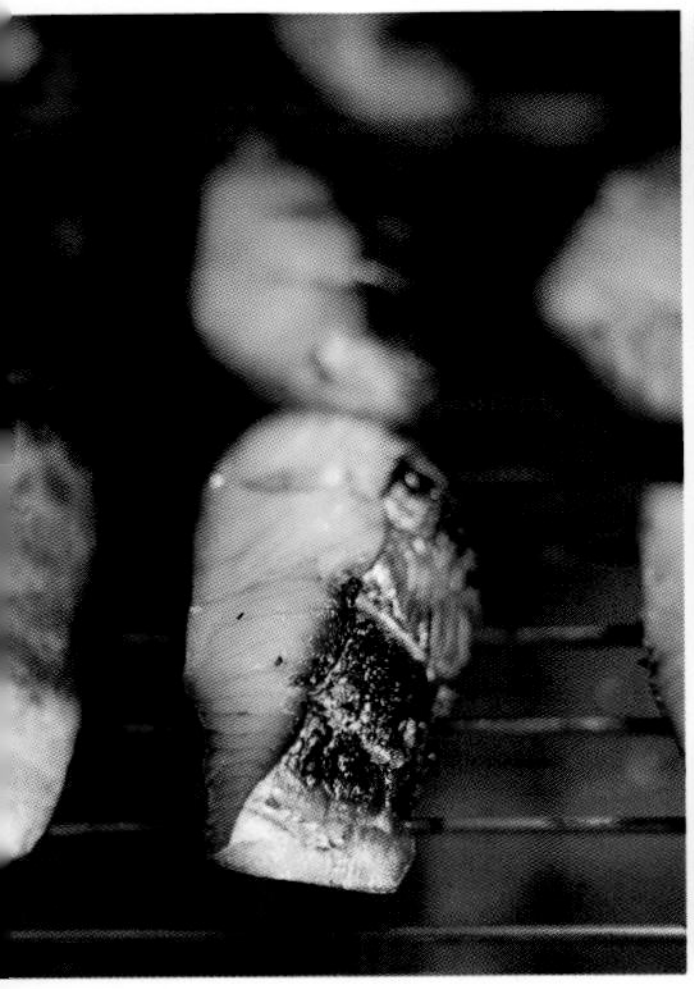

◯さわらの選び方

透明感のある白身で、皮はみずみずしく張りがあり、斑紋が鮮やかなもの。血合いの色も鮮やかなものを選ぶ。身が白濁していたり身割れしているもの、血合いの色が黒ずんでいるものなどは避ける。

◯保存

みそ床に漬けた状態で、冷蔵で4日ほど。焼いたものは、保存容器に重ならないように入れ、冷蔵で3日ほど。

《材料》4人分

さわら（切り身）…4切れ
塩…適量
みそ床
　西京みそ
　（京都発祥の甘い白みそ）
　…300g
　酒…大さじ1½
　砂糖…大さじ1½

《作り方》

［血合いを切り落とす］

① さわらは、身の中央にある血合いの左右に包丁を入れて切り落とす。

② 1をバットに並べ、軽く塩をふって10分ほどおく。表面ににじみ出てきた水分を拭き取る。

［みそ床に漬ける］

③ みそ床の材料を合わせてよく混ぜる。⅓量を深めのバットに入れて平らにのばし、ぬらしてかたく絞ったガーゼを広げて2の半量を並べる。

④ 3に別のかたく絞ったガーゼをかぶせ、残りのみそ床の半量を塗り広げ、残りのさわらをのせる。

⑤ 4にかたく絞ったガーゼをかぶせ、残りのみそ床を全体に塗り広げる。ラップをかけて、冷蔵庫で2日漬け込む。

［焼く］

⑥ さわらを取り出し、十分に予熱した魚焼きグリルに並べ入れ、弱火で焦がさないように焼く。

覚書き

血合いを切り落とす

- 血合いの両側ギリギリのところにそれぞれ包丁を入れて切り落とす。背側と腹側に切り分けられる。
- さわらに塩をして、余分な水分とともに生臭さを取る。

みそ床に漬ける

- ガーゼはバットのサイズよりひと回り大きく切ったものを3枚用意する。
- ガーゼで覆っておくと、後でみそをぬぐう手間が省ける。また、魚に直接みそ床がつかないので、焼き焦げを防げる。
- バットが8切れのせられる大きさなら、みそ床は半量ずつ、ガーゼは2枚で漬け込む。
- 残ったみそ床は、1週間以内なら2回ほど使い回せる。その際、溜まった水分は丁寧に拭き取る。

焼く

- あらかじめ、グリルの網に油を塗っておくとくっつきにくくなる。
- みそ焼きは焦げやすいので注意する。
- 片面焼きグリルの場合は、先に皮目を下にして焼く。魚を返すのは1回。その際、身を崩さないように十分気をつける。

貳の重　煮物
こんな一品も

鯛の子の旨煮

関西では、すけとうだらの真子（まこ／生たらこ）を「鯛の子」と呼び、煮つけにしておせちに入れるのが定番となっている。祝い事に欠かせない鯛が卵を持つのは春。入手が難しく、また、庶民にとっては高嶺の花だった鯛の子の代わりに、見た目そっくりな生たらこを鯛の子と称して祝い事に使うようになったといわれている。多くの卵を持つ魚卵は、「子孫繁栄」の意味合いもある。

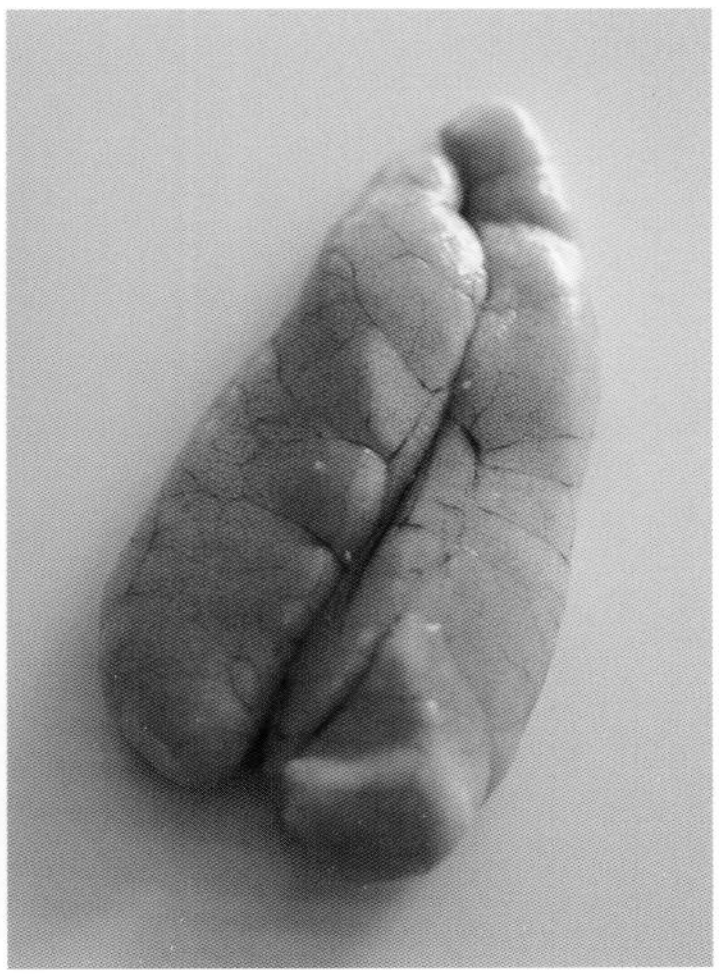

正月前後の厳寒期に旬を迎える「鯛の子」。

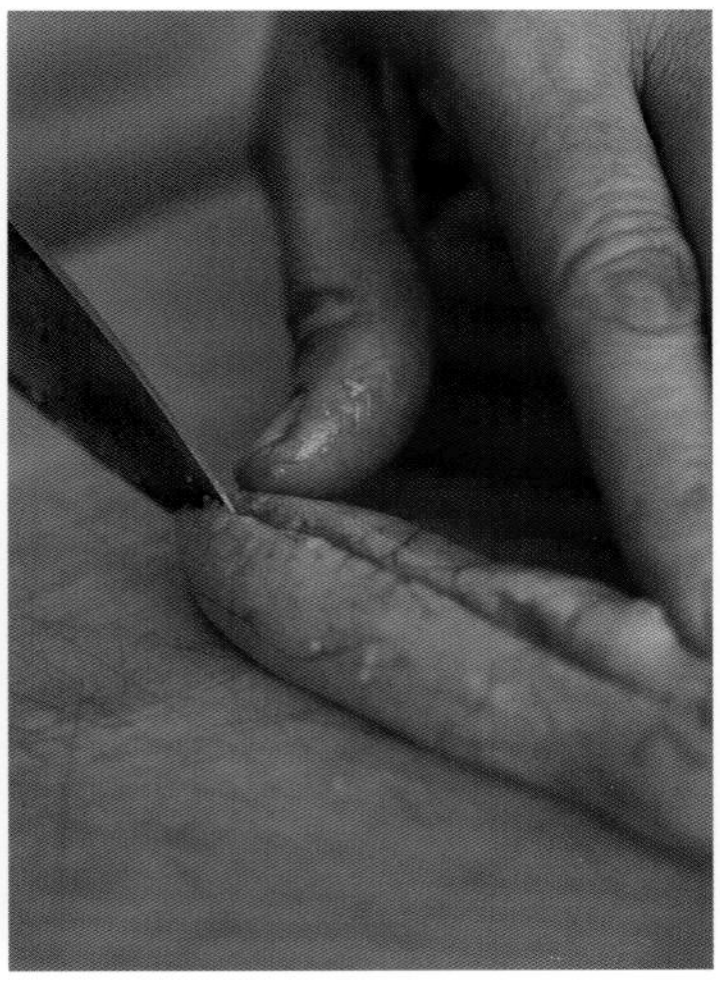

端まで切り目を入れることで大きく花開く。

切り目を開き、卵を外側に広げてゆでる。

◯生たらこの選び方
すけとうだらの産卵盛期12月～2月が生たらこの旬。皮に張りとつやがあり、身が詰まっていて重みを感じるもの。さらに、皮が薄く粒が透けて見えるものを選ぶ。血管が多いと口当たりが悪くなるので避ける。

◯保存
保存容器に煮汁ごと入れ、冷蔵で5日ほど。

《材料》4人分
生たらこ（生すけこ）…4腹
しょうが…1かけ
煮汁
- 酒…200㎖
- みりん…大さじ2
- 砂糖…大さじ2
- 薄口しょうゆ…大さじ1

《作り方》

［下ごしらえ］

① 生たらこは、ひと腹のつながっているところに包丁を入れて2つに分ける。

② **1**の上面に、切り目を深めに1本入れる。

③ しょうがは皮をむき、せん切りにする。

［ゆでる］

④ 鍋に湯を沸かし、**2**を切り目から卵を外側に返すように広げて入れる。

⑤ 花がふわっと開くように卵に火が入り、白っぽくなったら、キッチンペーパーなどに取り出して水気をきる。

［煮る］

⑥ 鍋に煮汁の材料を合わせて中火にかけ、煮立ったら**5**を加える。再び煮立ったらアクを取り、落とし蓋をして弱めの中火で12分ほど煮る。火を止めて、そのまま冷まして味を含ませる。

覚書き

下ごしらえ

- 表面に目立つ血管があれば、金串や針で血管に小さい穴をあけ、血管の上を軽くこすりながら血を穴から押し出す。
- 切り目は、生たらこの端から端までしっかり入れる。

ゆでる

- 卵がこぼれやすいので、丁寧に扱う。

鴨の蒸し煮

弐の重 蒸し物
こんな一品も

鴨肉は、近年おせちに加えられるようになった食材のひとつ。奈良時代に仏教が伝来し、肉食がタブーとなった中でも貴重なたんぱく源として食すことを許された。鴨汁、鴨鍋、鴨南蛮と、身分貧富にかかわらず好まれる鴨肉は、古くから日本人が大切にしてきた食材といえる。生涯同じつがいで過ごす鴨は、「夫婦円満」の象徴でもある。

◯合鴨肉の選び方

合鴨は、野生の鴨と家禽の鴨＝アヒルをかけ合わせたもので、日本で鴨肉といえば合鴨肉を指す。鴨肉には多くの品種や産地があるが、日本で流通している多くが、チェリバリー種。やわかくてクセがなく、甘みが強いのが特徴。今回使う部位は、ロース、抱き身とも呼ばれる胸肉。肉の赤色が鮮やかで皮に張りがありきれいなもの。脂が多すぎないものを選ぶとよい。

◯保存

ポリ袋に入れた塊のまま、冷蔵で6日ほど。

《材料》作りやすい分量

合鴨胸肉…2枚（700〜800g）
蒸し汁
　しょうゆ…100㎖
　みりん…100㎖
　酒…100㎖

《下準備》

- P.140［蒸し器］を参照して蒸し器の準備をする。

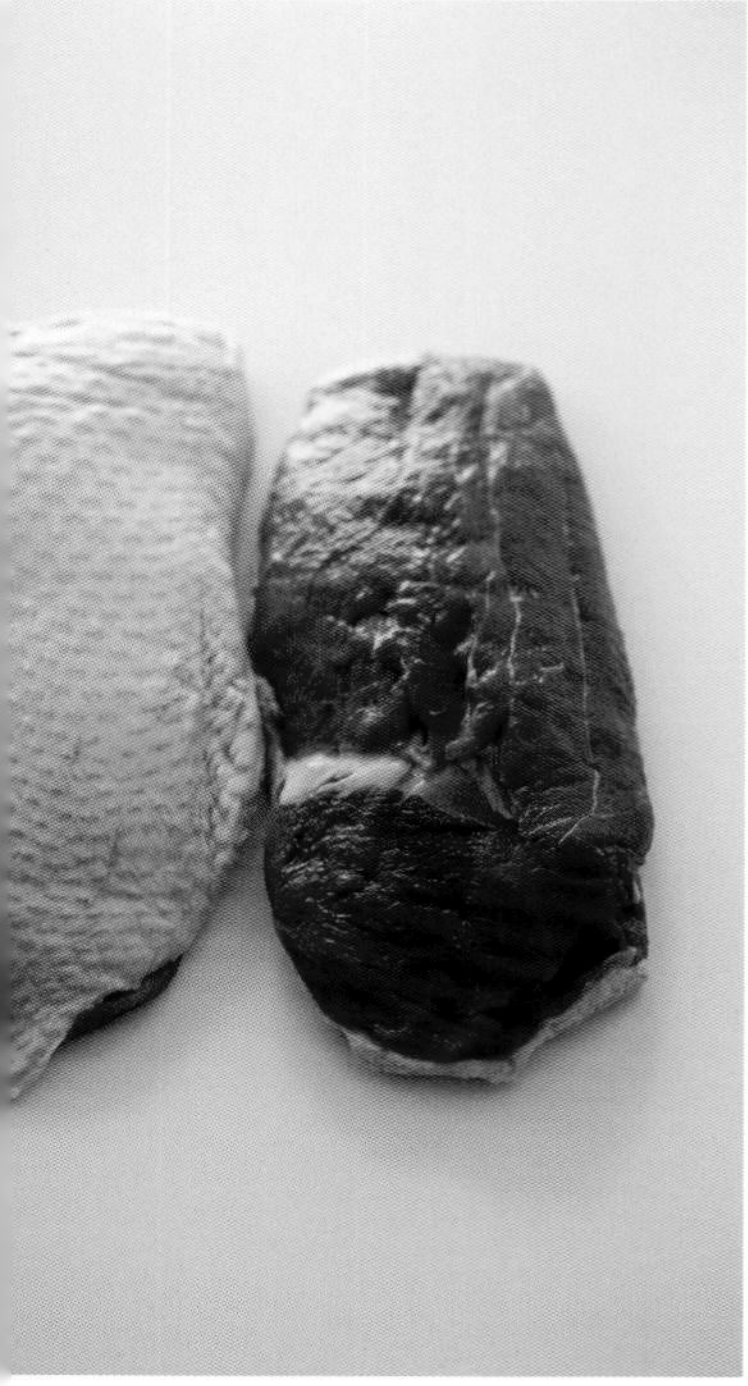

鴨肉は
古くから日本で
食べられてきた
食肉のひとつ。

蒸し器で
やんわり加熱して、
しっとりやわらかに
仕上げる。

立てて冷まし、
血抜き、
脂抜きをする。

煮汁に浸けて
ひと晩おき、
味を含ませる。

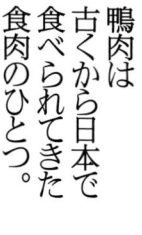

皮目に切り目を入れて焼き、余分な脂をしっかり抜く。

脂を拭き取りながら、皮目をこんがり焼き上げる。

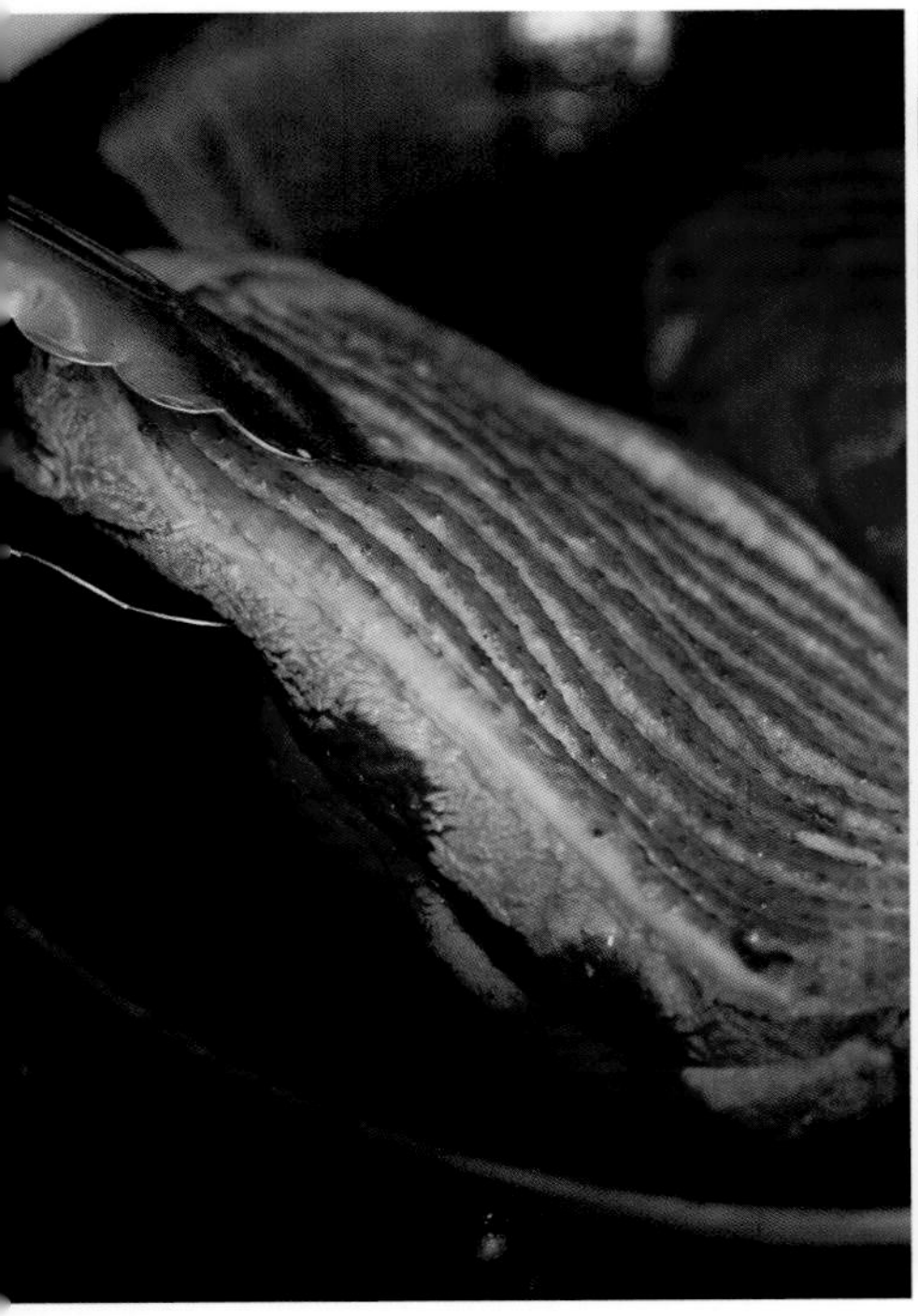

皮目がカリカリになったらひっくり返す。

《作り方》

［下ごしらえ］

① 合鴨肉は水気を拭いて皮面を下にしておき、外側に見えている余分な脂身を切り落とす。

② 肉の部分にある白い筋や薄い膜、白い脂をそぎ取る。

③ 肉からはみ出している余分な皮を切り取る。

④ 肉を返し、皮目に羽の残りがあるようなら、骨抜きを使って抜き取る。脂の中に埋もれている場合もあるので、指で触って確かめながら残さず取り除く。

⑤ 皮目に6～7㎜間隔で縦に切り目を入れる。深さは皮の厚さの半分ぐらいが目安。

［焼く］

⑥ フライパンを弱めの中火で熱し、**5**を皮目を下にして入れる。肉から出てきた脂をキッチンペーパーで拭き取りながら、皮目にこんがりと焼き色がつき、脂が出てカリカリになるまで焼く。

⑦ **6**をひっくり返し、身側を1分ほど焼いて取り出す。2枚の鴨肉がギリギリ入る大きさの深めの耐熱容器に身側を下にして入れる。

［蒸し汁を作る］

⑧ **7**のフライパンに蒸し汁の材料を合わせてひと煮立ちさせ、**7**の容器に加える。

［蒸し煮にする］

⑨ **8**に厚手のキッチンペーパーで落とし蓋をし、アルミホイルで覆う。

⑩ よく蒸気の上がった蒸し器に入れ、強火で約10分蒸す。

［仕上げ］

⑪ 蒸し上がったら、余熱で火が入らないように鴨肉を取り出し、深めの容器に縦に立てかけて冷ます。蒸し汁も冷ます。鴨肉を入れた容器に溜まった鴨の血や脂が混じった汁は捨てる。

⑫ 完全に冷めた鴨肉と蒸し汁を合わせてポリ袋に入れ、空気を抜いて口を閉じ、冷蔵庫にひと晩おいて味をなじませる。

⑬ 盛りつけるときに汁気をきり、薄切りにする。

覚書き

下ごしらえ
- 冷蔵庫から出したての脂がまだかたい状態で行う。室温に戻すと扱いにくくなる。
- 脂身が厚いので、切り目を入れて焼いたときに脂を出やすくし、焼き縮みも防ぐ。

焼く
- 鴨肉を常温に戻してから焼く。
- 両面を焼いた段階で鴨肉に火が通っている必要はない。

蒸し煮にする
- 鴨肉も煮汁もあつあつの状態で蒸し器に入れるので、作業がスムーズに進められるように蒸し器の準備をしておく。
- 2枚の鴨肉の大きさが違う場合は、蒸し時間を調整する。大きいものは12～13分を目安に。
- 鴨肉が蒸し汁から出ている場合は、途中で裏返す。

仕上げ
- 切り口が空気に長く触れると変色するので、食べる分だけ切る。

貳の重 蒸し物
こんな一品も

はまぐりしんじょ

はまぐりは、2枚がぴったりと合うのは対の貝殻しかないことから「夫婦円満」の象徴とされ、「夫婦貝（めおとがい）」とも呼ばれる縁起物。平安貴族が楽しんだ貝合わせを思わせる雅な姿は、新年を祝うおせちにふさわしく、黄身みそを塗った黄金色に豊かな一年を願う。はまぐりは滋養強壮に効果があり、「無病息災」「不老長寿」の願いも込められる。

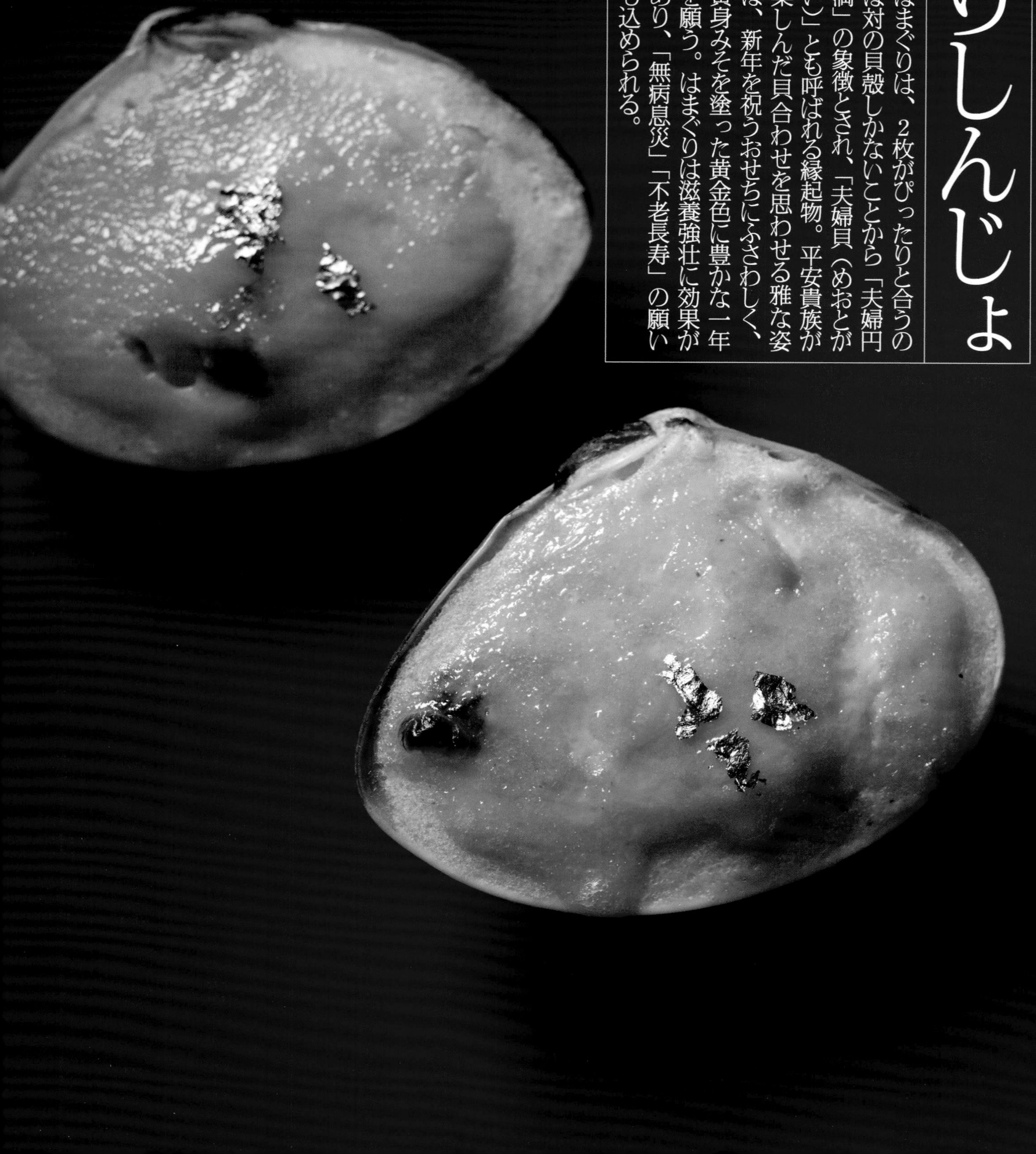

はまぐりの選び方

必ず「生きているもの」を選ぶ。貝と貝をたたき合わせ、澄んだ音がすれば生きている。鈍い音がするものは死んでいるか、生きが悪くなっているので避ける。見た目では、表面に光沢とぬめりがあるものがよい。乾いて白っぽいものは漁獲後時間が経っていることが多い。

保存

保存容器に金箔をのせずに入れ、表面が乾かないようにラップをかぶせ、冷蔵で2日ほど。

《材料》4人分

はまぐり…4個
すり身（白身魚）…80g
卵白…½個分
山いも（すりおろし）…大さじ2
片栗粉…小さじ1
酒…大さじ1
塩（塩水用）…適量
黄身みそ
　卵黄…½個分
　白みそ…小さじ1
　みりん…小さじ1
金箔…少々

《下準備》

- はまぐりは、塩水（塩分濃度3％）に1時間ほど浸けて砂出しをし、流水で殻をこすり合わせながらしっかり洗う。
- P.140［蒸し器］を参照して蒸し器の準備をする。

《作り方》

［酒蒸しにする］

① 小鍋にはまぐりと酒を入れ、蓋をして中火で蒸し煮にする。はまぐりの口が開いたら殻ごと取り出し、残った蒸し汁から大さじ1を取り分ける。

② 殻から身を取り出し、粗く刻む。殻は蝶番《ちょうつがい》のところで折って2枚に分け、余部な部分をキッチンばさみで落とし、きれいに洗って水気を拭き取る。

［しんじょ生地を作る］

③ すり鉢にすり身を入れ、なめらかになるまでする。

④ 卵白、山いも、1のはまぐりの蒸し汁、片栗粉を順に加え、そのつどよくすり混ぜる。さらに、2の刻んだはまぐりを加えて混ぜ合わせる。

［殻に詰める］

⑤ 4を8等分し、2の殻に詰める。

［蒸す］

⑥ よく蒸気の上がった蒸し器に並べ入れ、中火で5分ほど蒸し、取り出して粗熱を取る。

［仕上げ］

⑦ 黄身みその材料を合わせてよく混ぜ、6の上面に塗る。

⑧ 十分に予熱した魚焼きグリルに並べ入れ、弱火で黄身みその表面を乾かすように焼く。冷めたら金箔をのせる。

覚書き

下準備
- はまぐりはひたひたくらいの塩水に浸け、新聞紙などで蓋をして暗くする。
- 海水程度の塩水でないと砂を吐かないので、塩分濃度3％の塩水を用意する。

春の使者
はまぐりで、
新春を祝う。

材料を
よくすり合わせ、
なめらかな
生地を作る。

純白のしんじょを
黄金色に染める。

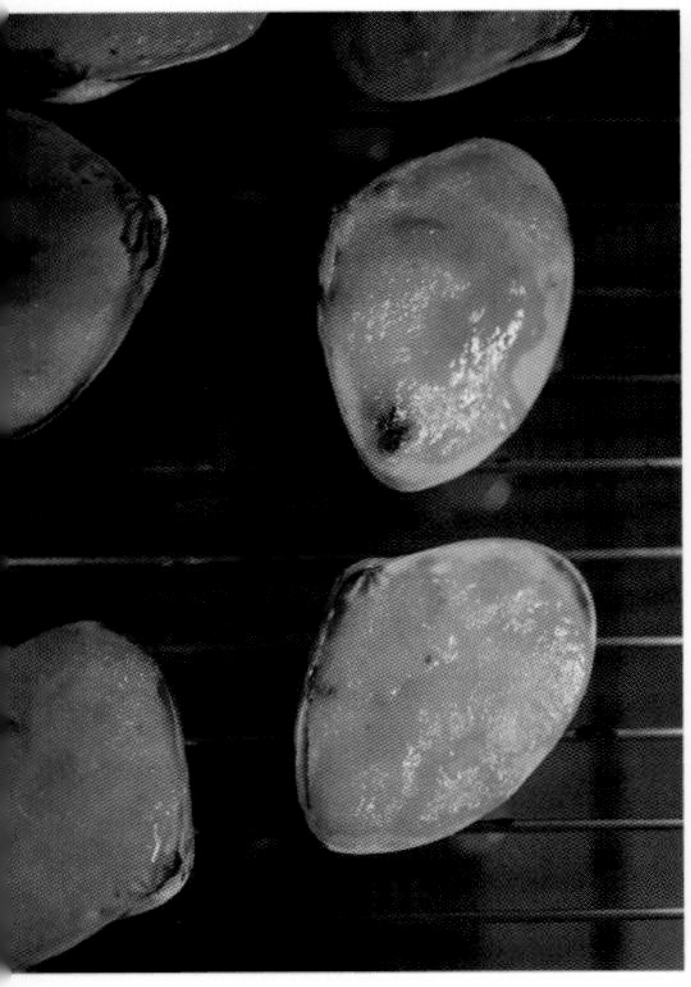

表面を指で触り、
乾いていれば
でき上がり。

五色なます

彩りよい五色の取り合わせ。古代中国で誕生し日本の文化に深く関わる陰陽五行説では、青（緑）、赤、黄、白、黒（紫）の「五色」はそれぞれ木、火、土、金、水を示し、木は生命や成長、火はエネルギーや情熱、土は安定と信頼、金は純粋さや清らかさ、水は変化や成熟の象徴とされる。年の始めに森羅万象を表すこの五色を揃え、魔除けとともに運気上昇を願う。

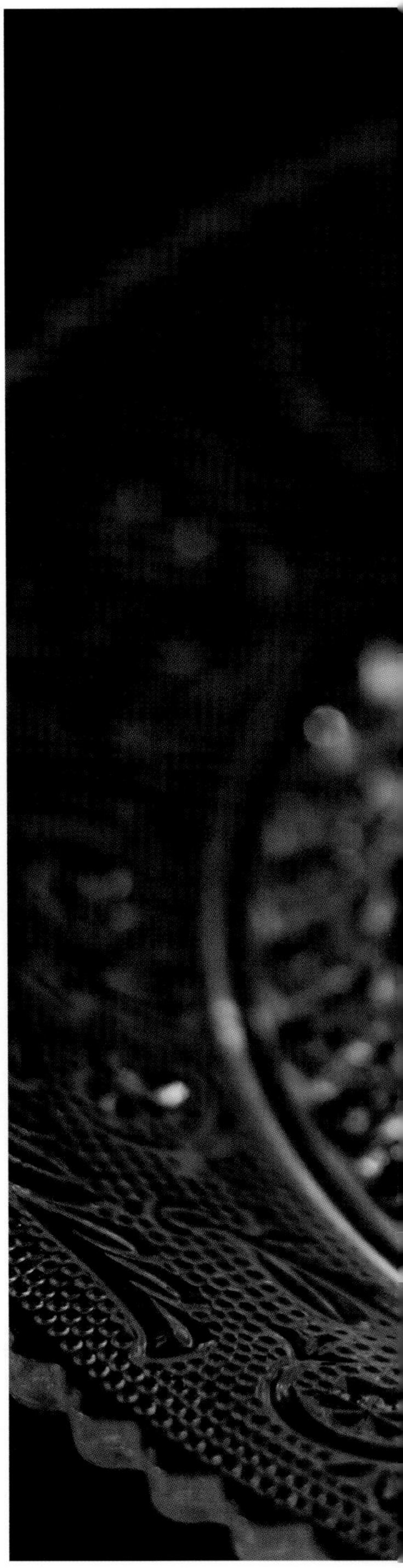

◯保存
保存容器に入れ、冷蔵で4日ほど。

《材料》作りやすい分量
大根…300g
にんじん…50g
干ししいたけ（小）…5〜6枚
油揚げ…1枚
干し柿…1個
粗塩…小さじ1
甘酢
　米酢…大さじ3
　みりん…大さじ3
　薄口しょうゆ…大さじ1½
　酒…大さじ2
ごま油…大さじ½

せん切りにすると水分がよく出て、しっかり絞れる。

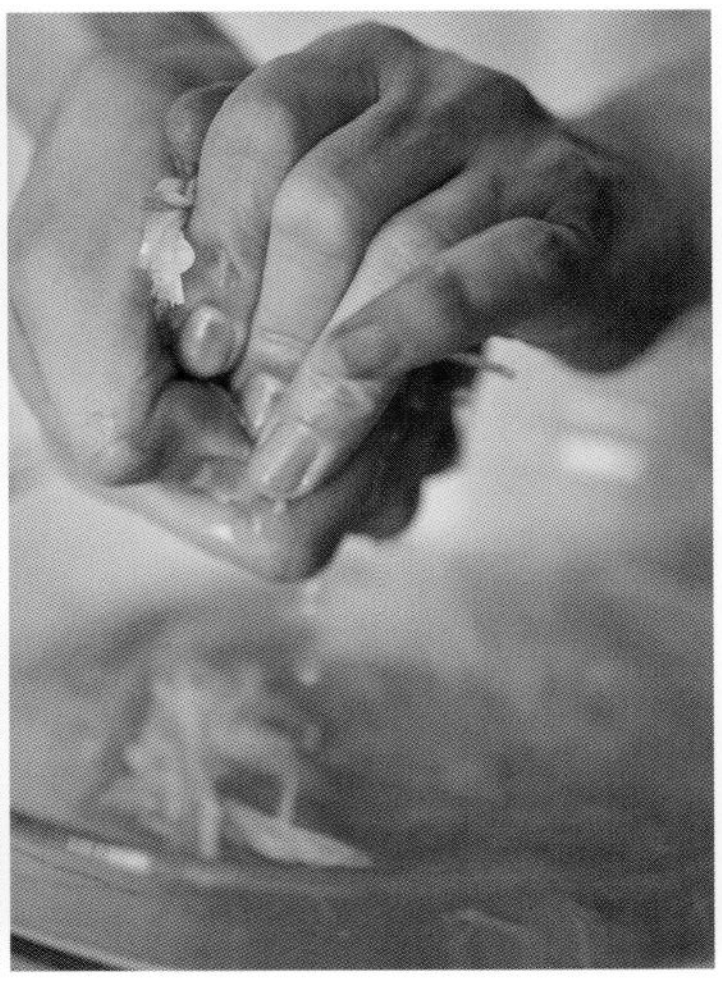

大根とにんじんは、塩をして余分な水分を抜く。

具材から汁気が出なくなるまで炒める。

《作り方》
［下ごしらえ］
① 干ししいたけは軽く洗って汚れを落とし、ポリ袋に入れてひたひたの水を注ぎ、空気を抜いて口をしっかり縛り、冷蔵庫にひと晩（最低でも5〜6時間）おいてやわらかく戻す。軸を切り落として水気を絞り、薄切りにする。
② 大根、にんじんは4㎝長さのせん切りにする。
③ 油揚げはざるにのせ、熱湯をかけて油抜きをして水気を拭き取り、4㎝長さのせん切りにする。
④ 干し柿はへたと種を除き、粗みじん切りにする。
⑤ ボウルに2を合わせて入れ、粗塩をふってしんなりするまでおき、水気をしっかり絞る。
［炒め煮にする］
⑥ 鍋にごま油を熱し、5を入れて中火で炒める。全体に油が回ったら1、3を加えてざっと炒め合わせる。
⑦ 干し柿、甘酢の材料を加え、汁気がなくなるまで強めの中火で炒め煮にする。

弐の重　酢の物
こんな一品も

菊花かぶ

日本の国花であり皇室の紋章となっている菊は、古くから日本人にとって高貴で特別な存在。この花を模した菊花かぶは、おせちに欠かせないひと品。

丸から正方形を切り出す。

細かい切り目が美しい花びらになる。

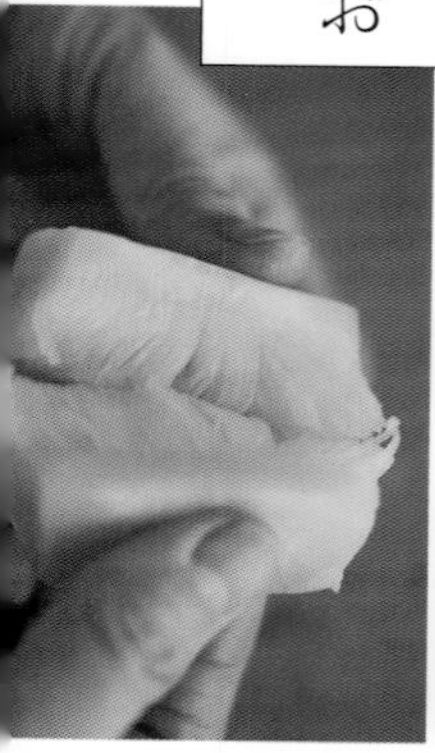

裏側に包丁を入れて手で割る。

◯保存
保存容器に甘酢に浸けた状態で入れ、冷蔵で1週間ほど。

《材料》4人分
かぶ（大）…2㎝厚さの輪切り1枚
粗塩…適量
甘酢
米酢…80㎖
水…80㎖
砂糖…50g
塩…小さじ½
赤唐辛子（小口切り）…適量

《作り方》
［切り目を入れる］
① かぶは、4辺を切り落として正方形にする。
② 切り口がきれいな面を上にしておき、端から1〜2㎜間隔で厚みの半分くらいまで切り目を入れる。
③ かぶの向きを90度回し、同様に切り目を入れて格子状にする。
［塩水に浸ける］
④ ボウルに塩水（塩分濃度3％）を用意し、**3**を入れて30分ほどおく。しんなりしたら取り出してさっと水洗いし、水気を絞る。
［甘酢に漬ける］
⑤ 小鍋に甘酢の材料を入れてひと煮立ちさせ、鍋底を氷水に当てて冷ます。
⑥ 保存容器に**4**を入れ、**5**を注いで赤唐辛子を加え、3〜4時間漬けて味をなじませる。
［切り分ける］
⑦ 裏側の切り目の入っていない部分からひと口大になるように包丁を入れ、手で割る。
［仕上げ］
⑧ **7**の甘酢を絞り、竹串などで切り目を菊花の形に開き、赤唐辛子を飾る。

覚書き

切り目を入れる
- 切り落とした部分はみそ汁などに使う。
- 下まで切らないように、かぶの向こう側と手前に菜箸を1本ずつおいて切るとよい。菜箸に当たるところまで包丁を入れることで、切り目の深さが揃う。

切り分ける
- 花びらの部分を切らないように裏から包丁を入れる。

参の重

山の幸をたっぷり使った煮物で豊かに。

煮しめ

根菜を中心とした野菜「山の幸」をたっぷり使った「煮しめ」は、日本の伝統料理のひとつ。その名前は、〝煮汁がなくなるまで時間をかけてじっくり煮る〟という調理法「煮しめる」が由来とされ、一説にはおせちの元祖ともいわれている。人が多く集まる席で振る舞われてきた煮しめには、「家族が強く結ばれる」という願いが込められ、使われる素材も、それぞれ意味を持つ。

煮しめには、素材ごとにそれぞれ煮る方法と、ひとつの鍋で一緒に煮る方法がある。ここでは、素材の味わい、風味、色合いを生かし、澄んだ味わいに仕上がる前者の煮しめを紹介する。少し手間はかかるが、たっぷりのだしを用意して段取りよく進めていけば、それほど時間はかからない。このように丁寧に作る煮しめには、日常とは別の新年を迎える慶びやめでたさが表れる。

金時にんじんの含め煮

参の重　煮しめ

魔除けとされる赤色で、運がつく「ん」の字が二つも入るにんじんは、縁起のよい食材として多用される。中でも、赤みが強く、芯まで色むらのない金時にんじんは、おせちに彩りを添える貴重な存在。百の花に先駆けて咲き、花が咲くと必ず実を結ぶことから縁起物とされる梅をかたどった「ねじり梅」。元旦の日の出を模し、円い形が良縁を意味する「日の出にんじん」。日常とは異なるひと手間で、豊かな一年を願う。

（ 金時にんじんの含め煮 ）

◯金時にんじんの選び方

全体が鮮やかな濃い紅色ですらりとした形をし、皮に張りがあるものを選ぶ。葉の根元部分が黒ずんでいたり、表面に傷があるものは避ける。

◯保存

保存容器に煮汁に浸かる状態で入れ、冷蔵で3日ほど。

《材料》 作りやすい分量

金時にんじん…1本

煮汁

- だし…300㎖
- 砂糖…大さじ1½
- みりん…大さじ1½
- 薄口しょうゆ…小さじ1½
- 塩…小さじ⅓

《作り方》

［飾り切り］

① にんじんは皮ごと2㎝厚さの輪切りにする。

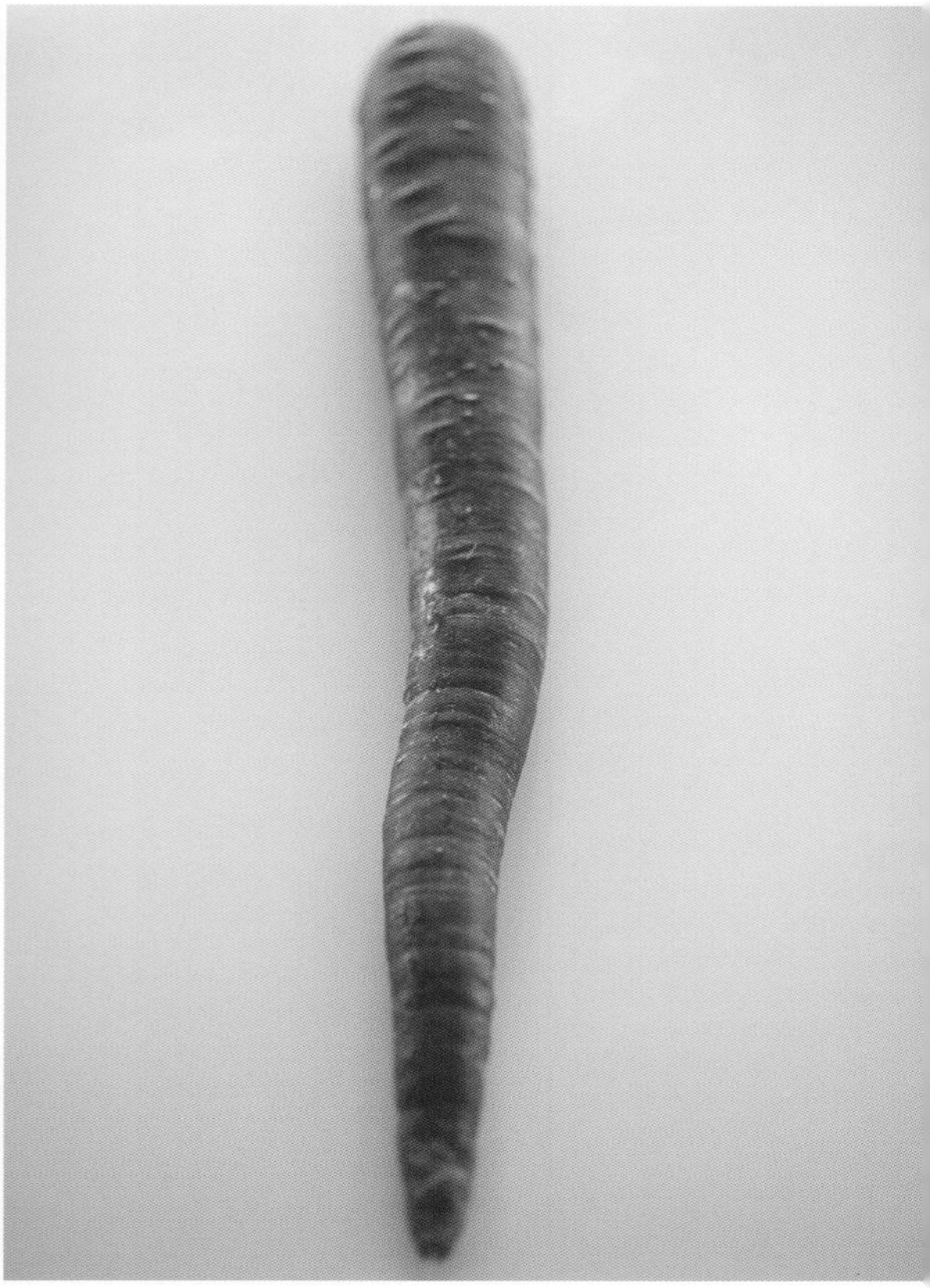

赤ら顔の坂田金時（金太郎）がその名の由来。

面取りをして煮崩れを防ぐ。

型を中央にまっすぐ押し込んで抜く。

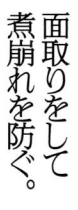

②「日の出にんじん」は、**1**をかつらむきにするように皮をむきながらきれいな円形にし、面取り（角を軽くそいで丸みをつける）をする。

③「ねじり梅」は、**1**を梅花の抜き型で抜き、花びらと花びらの境目に刃元を入れ、中心と結ぶように切り目を入れる。このとき、手前（外側）は厚みの半分くらいまで、中心は浅く刃を入れる。花びらの中央から中心を結ぶラインから先に入れた切り目まで、右から左へ包丁を30度ほどねかせて斜めにそぐように切り取る。はじめは浅く、次第に深く斜めに切り取っていく。５枚の花びらを同様に切り出す。

［下ゆで］

④鍋にたっぷりの湯を沸かし、**2**、**3**を入れて1〜2分下ゆでし、ざるに上げて水気をきる。

［煮含める］

⑤鍋に煮汁を煮立て、**4**を加えて落とし蓋をし、中火で20分ほど煮含める。にんじんがやわらかくなったら火から下ろし、そのまま冷まして味を含ませる。

覚書き

飾り切り

- 細かい作業には、ペティナイフを使うとよい。
- 型抜きした残りや切り取った部分は、普段のおかずに使う。

下ゆで

- 繊細なだしの味を邪魔しないように、下ゆでてにんじん特有の香りを少し抜く。

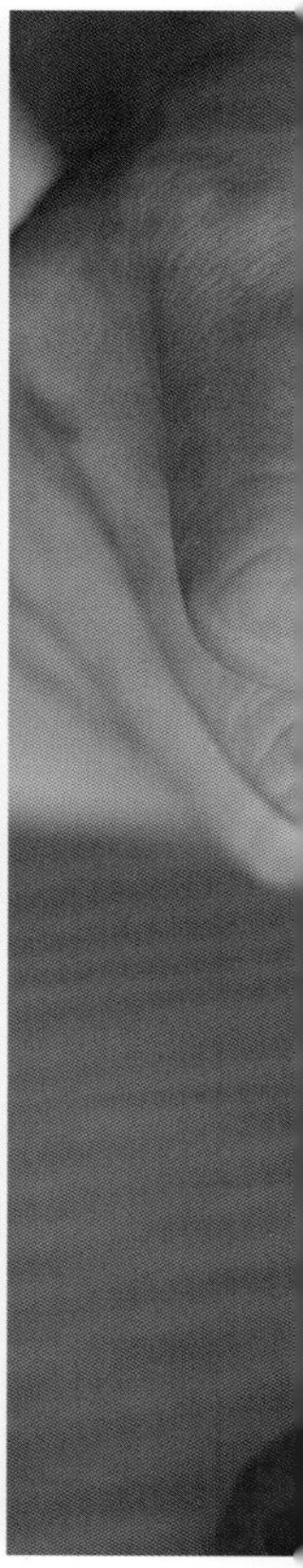

花びらの間に包丁を入れる。

斜めの切り取りは、幅は広く浅い方がやさしい雰囲気の梅になる。

参の重　煮しめ

えびいもの含め煮

ねっとりとした独特の食感と豊かな旨みをもち、煮崩れしにくく味がしっかり染み込むことから、煮込み料理によく使われる。その名は、湾曲した形と白地に褐色の縞模様がえびに似ていることに由来する。株の中心に大きな親いもがあり、その周りに子いもができ、さらに孫いもができる。親、子、孫と増え続けていくことから、「子孫繁栄」の象徴とされる。

京都の
伝統野菜の
ひとつで、
なめらかな
舌触りは絶品。

自作の型で
六角形にむき、
亀甲にする。

身を崩さない
ように
やさしく洗う。

たっぷりの
煮汁で
静かに
煮含める。

◯えびいもの選び方

太い部分がふっくらと丸みがあり、表面に傷のないもの。持ったときに重みを感じ、なるべく大きいものを選ぶ。皮の節（縞模様）が平行に揃っているものが良質。尖った先端が乾燥しているものは避ける。

◯保存

保存容器に煮汁に浸かる状態で重ならないように入れ、冷蔵で3日ほど。

《材料》作りやすい分量

えびいも…8～10個
だし…600㎖
みりん…大さじ2
砂糖…大さじ2
薄口しょうゆ…大さじ1
塩…小さじ½

《下準備》

- クリアファイルなどを利用して、切り出し用に正六角形（1辺が3㎝長さ）の型を作る。

①コンパスで半径3㎝の円を描く。
②円の中心から直径の線を引く。
③円周上に当たった2つの点を中心にして、半径3㎝の円を描く。
④円周上の6つの点を直線で結ぶと1辺3㎝の正六角形になる。

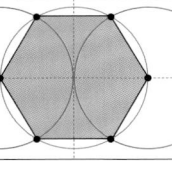

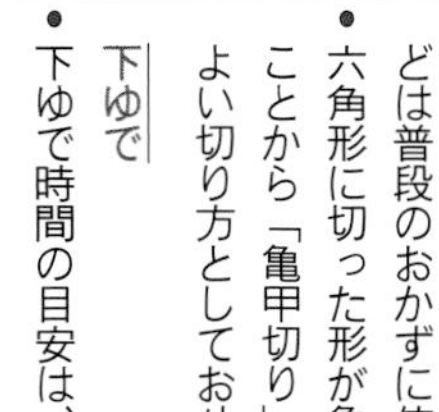

《作り方》

[六角形に切る]

①えびいもは3㎝厚さの輪切りにする。
②1の上面に正六角形の型を当て、六角に皮を切り落とす。

[下ゆで]

③鍋に2を入れてかぶるくらいの水を加え、落とし蓋をして中火にかける。沸騰したらアクを取り、火を弱めてふつふつと沸くくらいの火加減で、竹串がスッと通るやわらかさになるまでゆでる。
④鍋ごと流し台の蛇口の下に移して流水を細く出してゆっくりと冷ます。冷めたらえびいもを1個ずつ手でやさしく洗ってぬめりを落とし、ざるに上げて水気をきる。

[煮含める]

⑤鍋に4を入れ、だしを加えて中火にかける。煮立ったらみりんと砂糖を加え、落とし蓋をして弱火で5分ほど煮る。
⑥しょうゆと塩を加え、さらに10分ほど煮含めて火から下ろし、そのまま冷まして味を含ませる。

覚書き

六角形に切る

- 3㎝厚さに切る際は、切り口が真っすぐ平行になるように気をつける。
- えびいも1個でよい形に切れるのは、太い方から2切れくらい。湾曲した部分などは普段のおかずに使う。
- 六角形に切った形が亀の甲羅に似ていることから「亀甲切り」と呼ばれ、縁起のよい切り方としておせちに用いられる。

下ゆで

- 下ゆで時間の目安は、15～20分。

小いもの含め煮

参の重　煮しめ

小いも=里いもは、「村（里）で栽培されるいも」という意味から名づけられた。その歴史は稲作より古く、米食以前の日本の主食だったと考えられている。親いもを囲むように子いも、孫いもが育つことから、「子孫繁栄」の象徴とされ、ころんと丸い形が「家庭円満」を表す。一般的に、おせちには縁起のよい「六方むき」にして用いる。

◯里いもの選び方

皮がしっとりとして粘り気があるものが新鮮。全体がふっくらとして丸みを帯び、表面の縞模様がくっきりと見えるもの。かたくてずしりと重いものがおすすめ。土を洗ってしまうと風味が落ちるので、できるだけ泥付きのものを選ぶ。皮が乾きすぎているものや傷があるもの、芽が出ているものは避ける。

◯保存

保存容器に煮汁に浸かる状態で重ならないように入れ、冷蔵で3日ほど。

《材料》作りやすい分量

里いも…8〜10個
だし…400㎖
みりん…大さじ2
砂糖…大さじ2
薄口しょうゆ…小さじ2
塩…小さじ1/3

《作り方》

［六方むき］

① 里いもはこすり洗い（またはたわしで洗う）して泥を落とし、水気を拭き取ってざるに上げ、表面を乾かす。

② まな板に横向きにおき、両端をまっすぐ切り落とす。

③ 里いもを手で持ち、断面がきれいな六角形になるように、側面の皮を厚く6面にむく。

［下ゆで］

④ 鍋に3を入れてかぶるくらいの水を加え、落とし蓋をして中火にかける。沸騰したらアクを取り、火を弱めてふつふつと沸くくらいの火加減で、竹串がスッと通るやわらかさになるまでゆでる。

⑤ 鍋ごと流し台の蛇口の下に移して流水を細く出し、ゆっくり冷ます。冷めたら、里いもを1個ずつ手でやさしく洗ってぬめりを落とす。ざるに上げて水気をきる。

［煮含める］

⑥ 鍋に5を入れ、だしを加えて中火にかける。煮立ったらみりんと砂糖を加え、落とし蓋をして弱火で5分ほど煮る。

⑦ しょうゆと塩を加え、さらに15分ほど煮含めて火から下ろし、そのまま冷まして味を含ませる。

覚書き

六方むき
- 皮をむくときにぬれているとすべって危ないので、表面をしっかり乾かす。
- 下から上に向かって、里いもの丸みに沿わせながら等間隔になるように皮をむく。
- 1面をむいたら、隣ではなく、対面する側の1面を同じ幅で平行になるようにむく。次に平行にむいた面の隣をむき、さらに対面をむくと形が整いやすい。
- 真上から形を確認しながら対面同士を交互にむき、最後に全体の形を整える。

下ゆで
- 下ゆで時間の目安は、10〜15分。

上部と底部をまっすぐ平行に切り落とす。

側面を太鼓のように丸みをつけてむく。

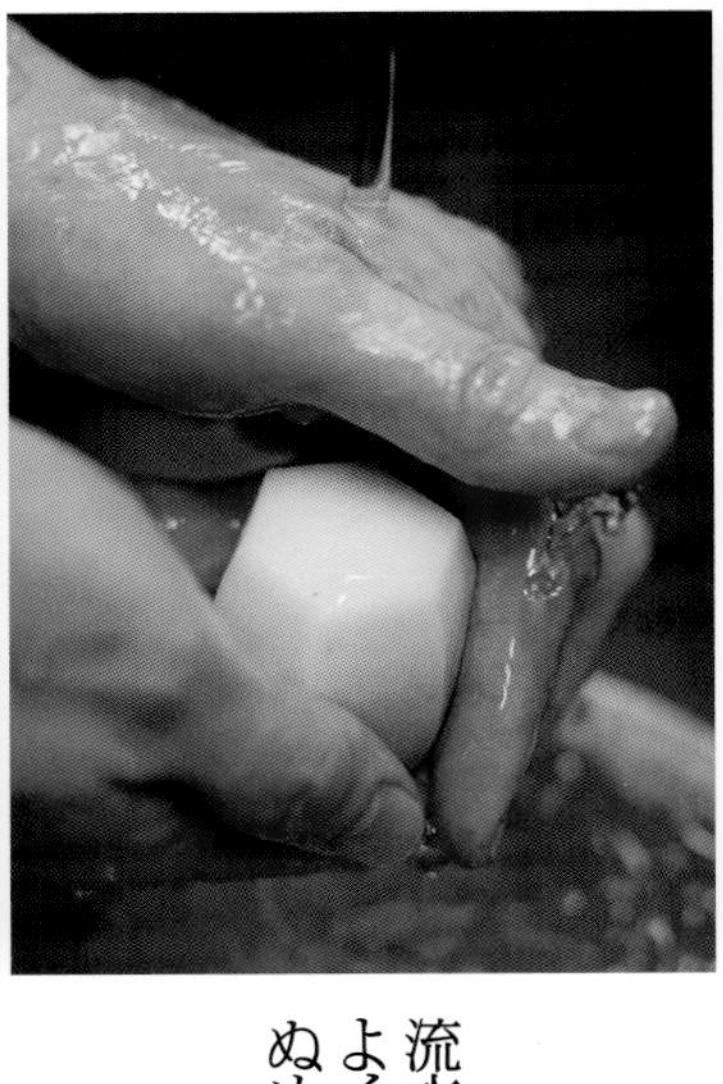

流水でよく洗ってぬめりを取る。

時間をかけて芯まで煮汁を染み込ませる。

くわいの含め煮

小さな球形から天を目指して大きな芽が伸びる姿から「めでたい」にかけて、「立身出世」「子孫繁栄」を願う縁起物とされる。

1時間水に浸け、さらに下ゆででアクを抜く。

煮上がりまで芽が折れないように注意する。

くわいの選び方

皮が青銅色でつやがあり、丸く膨らんだ部分がかたく、芽に張りがありピンとしているものを選ぶ。サイズは大小いろいろあるが、小さめの方が重箱に詰める際に便利。

保存

保存容器に煮汁に浸かる状態で入れ、冷蔵で3日ほど。

《材料》作りやすい分量

くわい…12個
煮汁
- だし…300㎖
- みりん…大さじ1½
- 砂糖…小さじ2
- 薄口しょうゆ…大さじ½
- 塩…ひとつまみ

《作り方》

［六方むき］

① くわいは底のかたい部分を平らに切り落として座りをよくし、芽を1㎝ほど残して切る。

② くわいを手で持ち、断面がきれいな六角形になるように、側面の皮を厚く6面にむく。

［アクを抜く］

③ むき終わったら芽の周りの薄皮を1枚はがし、水に1時間ほど浸けてアクを抜く。

［下ゆで］

④ 鍋に**3**を水気をきって入れ、たっぷりの水を注いで中火にかける。沸騰したら弱火にし、アクを取りながら、竹串がスッと通るやわらかさになるまでゆでる。ざるに上げて水気をきる。

［煮含める］

⑤ 鍋に煮汁を煮立て、**4**を加えて落とし蓋をし、弱火で20分ほど煮含める。煮上がったら火から下ろし、そのまま冷まして味を含ませる。

覚書き

六方むき
- 下から上に向かって、くわいの丸みに沿わせながら等間隔になるように皮をむく。
- 1面をむいたら、隣ではなく、対面する側の1面を同じ幅で平行になるようにむく。次に平行にむいた面の隣をむき、さらに対面をむくと形が整いやすい。
- 真上から形を確認しながら対面同士を交互にむき、最後に全体の形を整える。
- 残した芽を切り落としたり折らないように十分注意する。

アクを抜く
- くわいはアクが強いので、時間をかけてアク抜きをする。

下ゆで
- 下ゆででさらにアクを抜いて苦みを和らげる。
- 身崩れしないように注意して湯をきる。

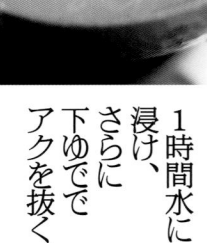

参の重　煮しめ

しいたけの煮しめ

昔は栽培が難しく希少価値の高い食材だったしいたけは、神様へのお供え物として重宝されてきた。おせちに使用する際は、「健康長寿」の願いを込めて、笠を六角形に切り整えて亀の甲羅に見立てた「亀甲しいたけ」にすることが多い。

照りよく
こってり
煮上げる。

◯干ししいたけの選び方

どんこは笠が開ききらないうちに収穫して乾燥させたもので、肉厚で縁が内側に巻き込みころんと丸い形が特徴。乾燥がしっかりしていて、笠の表面は茶褐色でしわは少なくツヤがあり、笠の裏は明るい淡黄色をしているものが良品。

◯保存

保存容器に煮汁ごと入れ、冷蔵で3日ほど。

《材料》作りやすい分量

干ししいたけ
（どんこなど肉厚なもの）…6枚
水…350㎖
A
砂糖…大さじ2
みりん…大さじ2
しょうゆ…大さじ2

《作り方》

［戻す］

① 干ししいたけは軽く洗って汚れを落とし、ポリ袋に入れてひたひたの水を注ぎ、空気を抜いて口をしっかり縛り、冷蔵庫でひと晩（最低でも5〜6時間）おいてやわらかく戻す。

② **1**のしいたけの軸を切り落とし、水気を絞る。

［煮る］

③ 鍋に分量の水と**2**を入れて中火にかけ、煮立ってから5分ほどゆでる。

④ **A**を加え、再び煮立ったらアクを取り、落とし蓋をして弱めの中火で15分ほど煮る。煮上がったら火から下ろし、そのまま冷まして味を含ませる。

覚書き

- 戻す　しいたけの旨みをしっかり生かすために、水で時間をかけて戻す。
- 煮る　しいたけの戻し汁は、しいたけのえぐみが強く出るため、ここでは使わず水で煮る。

◯ごぼうの選び方

泥を落とすと風味が落ちるので、なるべく泥付きを選ぶ。直径1.5〜2㎝くらいの太さで、まっすぐ伸びて弾力があり、ひげ根の少ないものが良品。極端に太いもの、表面に割れや黒ずみがあるもの、先端がしおれているものは避ける。

◯保存

保存容器に煮汁ごと入れ、冷蔵で3日ほど。

《材料》作りやすい分量

ごぼう（太めのもの）…1本

煮汁

- だし…400㎖
- みりん…大さじ1½
- 砂糖…大さじ1½
- 薄口しょうゆ…大さじ1½

《作り方》

［アクを抜く］

①ごぼうはたわしでこすり洗いし、1㎝厚さの斜め切りにする。

②たっぷりの水に1時間ほど浸けてアクを抜く。水は途中で1〜2回替える。

［下ゆで］

③**2**の水気をきって鍋に入れ、たっぷりの水を注いで中火にかける。沸騰してから10分ほど下ゆでし、ざるに上げて水気をきる。

［煮る］

④鍋に煮汁を煮立て、**3**を加えて落とし蓋をし、中火で20分ほど煮る。煮上がったら火から下ろし、そのまま冷まして味を含ませる。

覚書き

アクを抜く
- ごぼうは細いと斜め切りにした際に形が整わないので、太めのものを用意する。

下ゆで
- ごぼうはかたいので、しっかり下ゆでする。

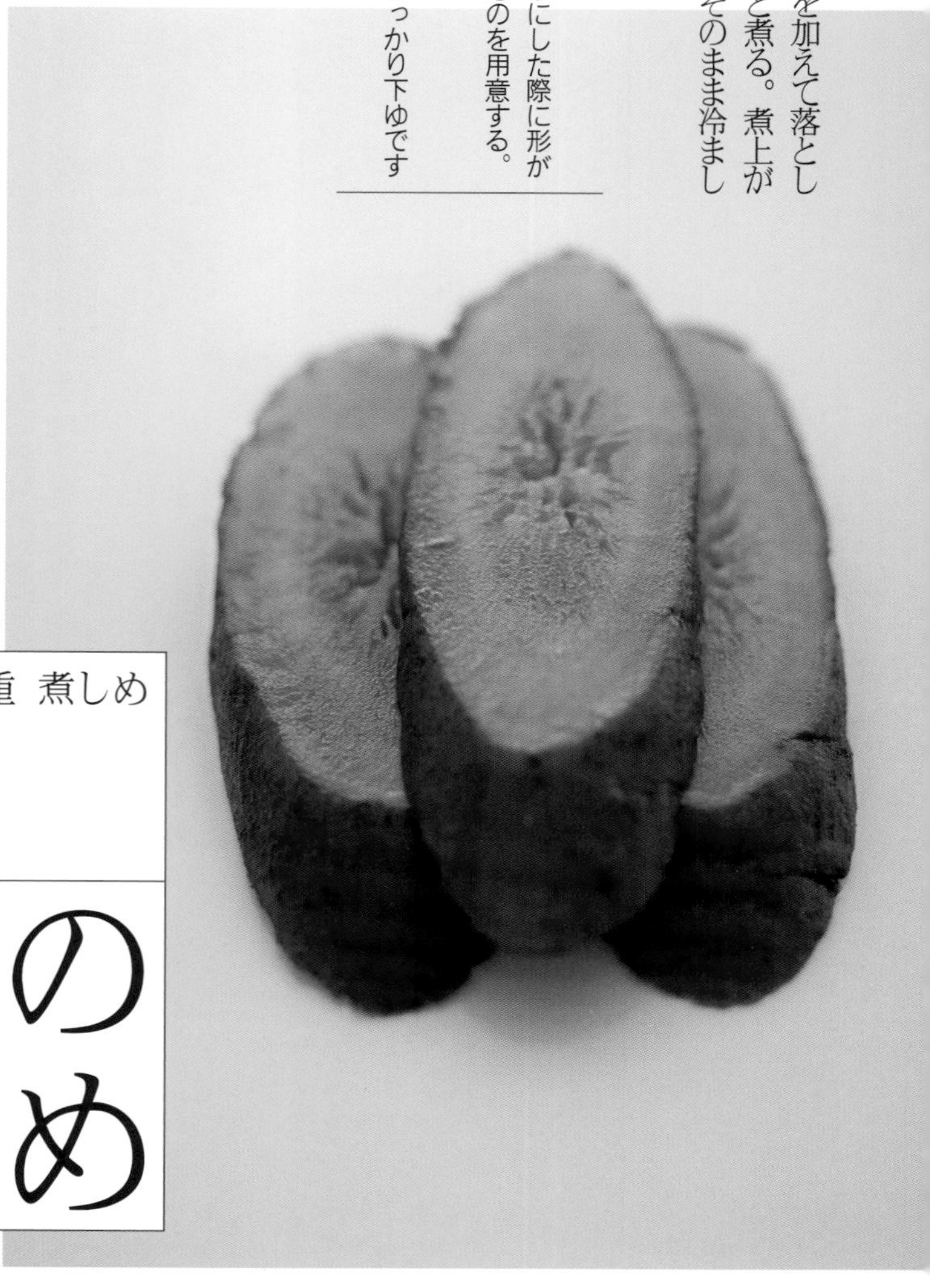

アクをしっかり抜くと煮上がりが黒くならない。

ほくっとやわらかく煮えたごぼう。

参の重　煮しめ

ごぼうの煮しめ

ごぼうは地中深く根を張ることから、「家族や家業が土地に根付き繁栄するように」という願いが込められた。また、薬効に優れていることから「長寿」の象徴ともなっている。

参の重　煮しめ

高野豆腐の含め煮

高野山で作られ、僧侶たちが日常食にしてきた高野豆腐は、特別で尊い食材としておせちに用いられる。また、その四角い形から「災いを防ぐ盾」に見立てた縁起物でもある。

湯をたっぷり回しかけて戻す。

重ねずに並べ入れて煮崩れを防ぐ。

高野豆腐の選び方

色が淡黄色で、きめが細かく、気泡が目立たないものが良質。色がくすんだもの、褐色の斑点があるものは避ける。脂肪分が酸化しやすいので、保管は冷暗所で。製造年月日から、3～4か月で使いきるようにする。

保存

保存容器に煮汁ごと入れ、冷蔵で2日ほど。高野豆腐は煮しめの具材の中で特に傷みやすいので、十分に注意する。

《材料》作りやすい分量

高野豆腐…4枚

煮汁
- だし…600㎖
- 砂糖…大さじ5
- みりん…大さじ2
- 薄口しょうゆ…大さじ1
- 塩…小さじ1

《作り方》

［戻す］

① 大きめのバットに高野豆腐を重ならないように並べ入れ、上からたっぷりの湯（80℃）を回しかけ、落とし蓋をしてふっくらするまで20分ほどおいて戻す。

② ボウルにたっぷりの水を用意して**1**を取り、両手のひらにはさんで軽く押さえながら、水が濁らなくなるまで何度も水を替えながら押し洗いする。

③ **2**を1枚ずつ両手にはさんで水気をしっかり絞り、半分に切る。

［煮含める］

④ 鍋に煮汁を煮立て、**3**をできる限り重ならないように並べ入れて落とし蓋をし、弱めの中火で20分ほど煮含める。煮上がったら火から下ろし、そのまま冷まして味を含ませる。

覚書き

戻す
- 製品によって戻し方が異なるので、必ず袋の表示を確認して、基本的には表示どおりに戻すこと。
- 湯が熱すぎると高野豆腐が崩れる場合があるので、温度に注意する。
- 高野豆腐に含まれるアンモニア分が溶け込んで濁った汁を丁寧に絞り出す。この汁が残っていると、味わいが損なわれ、煮上がりが傷みやすくなる。
- 水気を絞る際は、高野豆腐を破らないように両手ではさみ、均等に力を入れて絞る。
- 水気をしっかり絞ることで、水っぽくならず煮汁がよく染み込む。

煮含める
- 高野豆腐が煮崩れないように並べ入れる。

手綱こんにゃくの煮しめ

「手綱を握る」「手綱を取る」などの表現があるように、「手綱」は物事を引き締め、統率を取る意味で用いられる。この手綱に見立てたこんにゃくには、「自分を律し、来たる戦に備える」という意味が込められている。また、手綱の結び目から縁を結ぶものと考えられ、「良縁成就」の縁起物とされる。

上下左右どこから見ても中央に切り目を入れる。

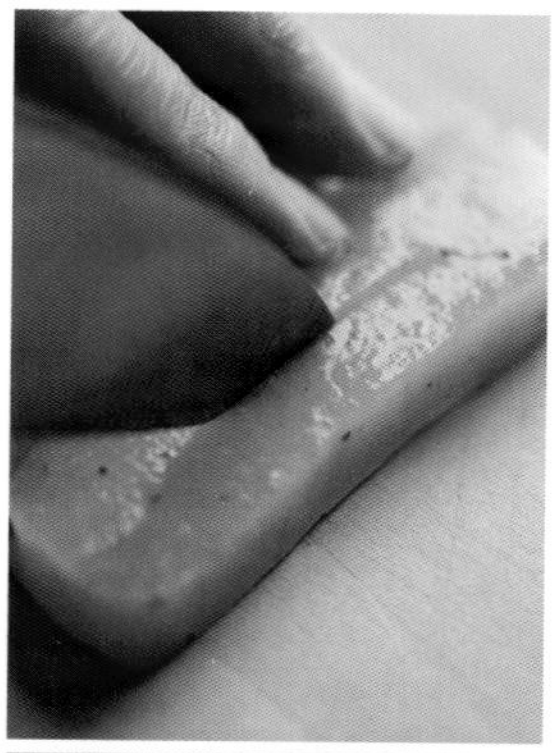

反対側に出てきた端を引っ張れば完成。

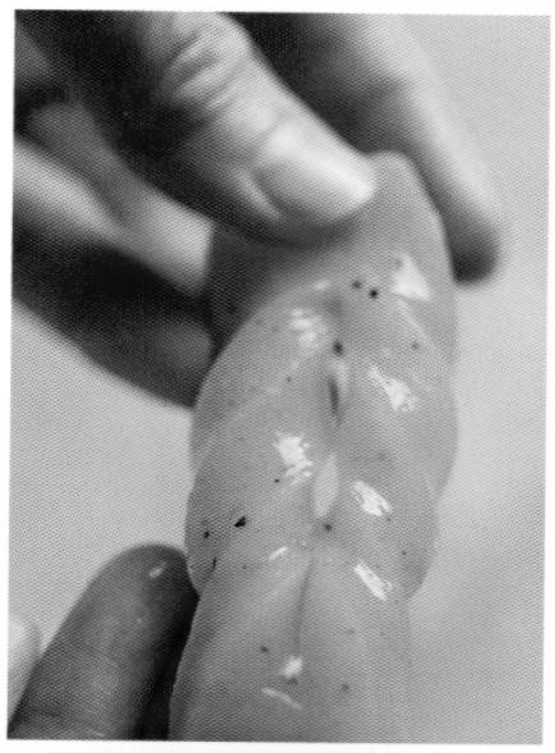

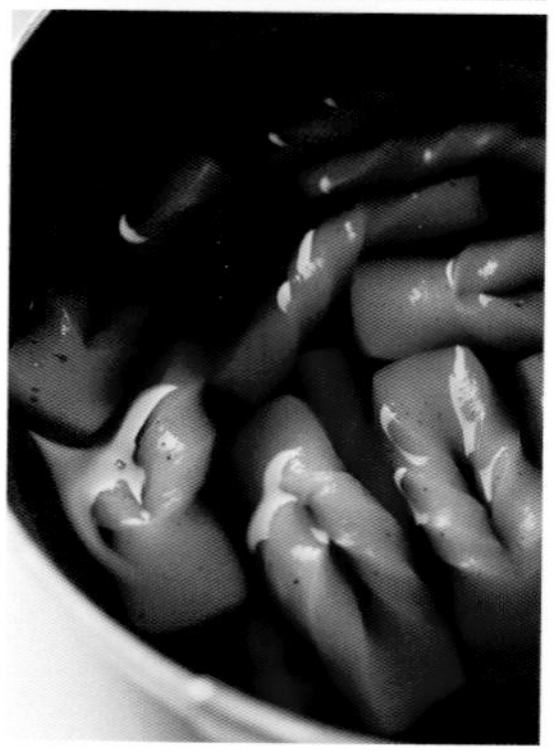

両端を手に取り、片側の端を穴に通す。

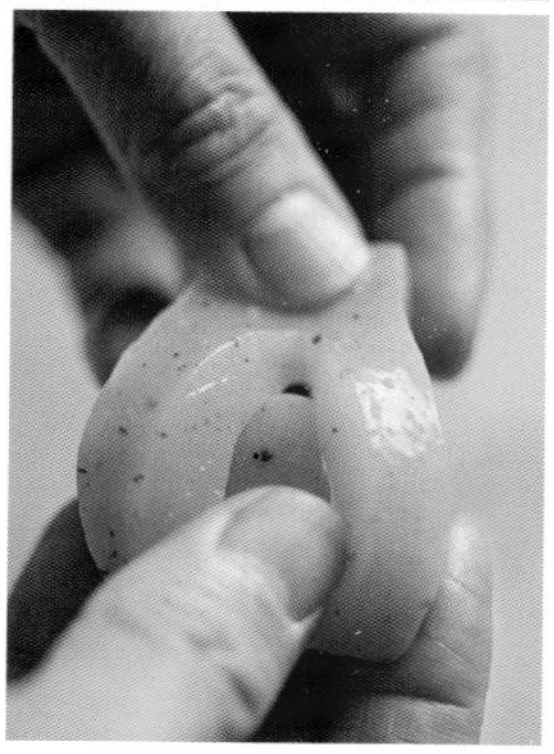

煮汁に浸けたまま冷まし、十分に味を含ませる。

○こんにゃくの選び方

こんにゃくには、近年主流となっているこんにゃくいもの粉末を使って作るものと、生のこんにゃくいもから昔ながらの製法で作るものがある。後者は入手しにくく高価だが、味や食感がよい。どちらの製法かは成分表で確認できる。一般的な前者は、弾力があり、やわらかすぎないもの、製造年月日が新しいものを選ぶ。

○保存

保存容器に煮汁ごと入れ、冷蔵で3日ほど。

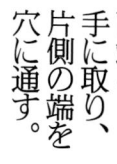

《材料》作りやすい分量

こんにゃく…1枚（270g）

煮汁

- だし…300㎖
- しょうゆ…大さじ3
- 砂糖…大さじ3

《作り方》

［手綱にする］

① こんにゃくは8㎜厚さの短冊に切る。

② 1の中央に縦2㎝くらいの切り目を入れる。

③ 片方の端を内側から切り目にくぐらせ、軽く引っ張って形を整える。

［下ゆで］

④ 鍋にたっぷりの湯を沸かし、3を加えて下ゆでする。再び煮立ったら、ざるに上げて水気をきる。

［煮る］

⑤ 鍋に煮汁を煮立て、4を加えて落とし蓋をし、中火で15分ほど煮る。煮上がったら火から下ろし、そのまま冷ます。

覚書き

手綱にする

- 短冊切りの厚さ、長さなどはきちんと揃える。厚すぎると作りにくいので注意する。

下ゆで

- 下ゆでして、こんにゃく特有の石灰臭を抜く。

参の重　煮しめ

れんこんの煮しめ

多数の穴が空いているれんこんは、先が見通せることから「将来の見通しがよくなるように」との願いが込められ、古くから縁起のよい食材とされている。またれんこんは種が多いことから「子孫繁栄」の意味も込められている。

冷める過程で味が染み込む。

◯れんこんの選び方

ずんぐりと丸くて傷がなく、寸胴形のものを選ぶ。持ったときに重量感があり、しっかりとした硬さを感じるものが新鮮。カットして売られているもので、表面や穴の中が黒ずんでいるものは時間が経ってアクが回っている証拠。切り口に紫色の部分があるものも避ける。穴は大きさが揃い、小さめの方がおすすめ。

◯保存

保存容器に煮汁に浸かる状態で入れ、冷蔵で3日ほど。

《材料》作りやすい分量

れんこん…300g
（中ぐらいのもの2節）

煮汁

だし…400㎖
みりん…大さじ1
砂糖…大さじ1
薄口しょうゆ…小さじ1
塩…小さじ¼

《作り方》

① ［花形に切る］
れんこんはP.75「花れんこん」の作り方［花形に切る］**1**～**6**を参照して花れんこんにする。

② ［切り分ける］
1を1㎝厚さに切り、水にさらす。

③ ［下ゆで］
鍋にたっぷり湯を沸かし、**2**を入れて2分ほど下ゆでしてアクを抜き、ざるに上げて水気をきる。

④ ［煮る］
鍋に煮汁を煮立て、**3**を加えて落とし蓋をし、中火で15分ほど煮る。煮上がったら火から下ろし、そのまま冷まして味を含ませる。

参の重 煮しめ

絹さやの含め煮

絹さやは、さやの長さが5〜6㎝の若採りするえんどう豆の総称。若いさやがこすれる音が衣ずれの音に似ていることがその名の由来といわれている。みずみずしい新芽を思わせる鮮やかな緑は生命を象徴する。先に伸びる白いひげも、成長の証として残す。

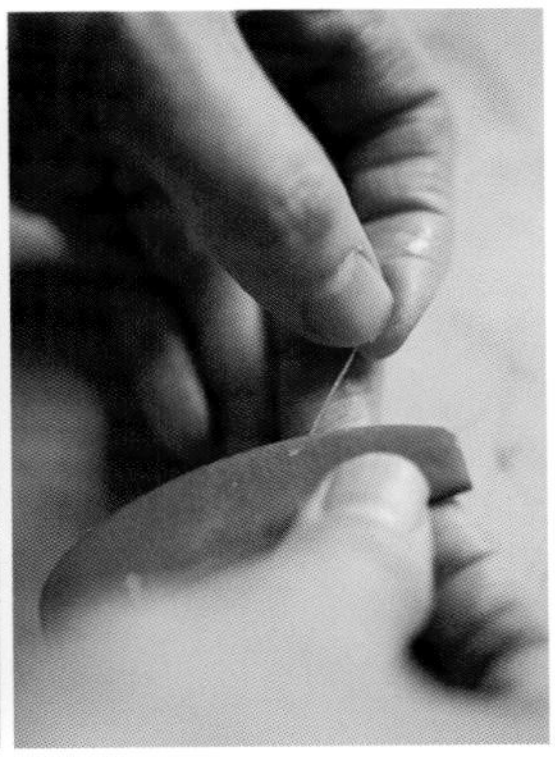

湾曲側のみ筋を取る。

急いで冷まし、鮮やかな緑を保つ。

◯**絹さやの選び方**

えんどうを早採りしたもので、さやがやわらかく小ぶり。さやが鮮やかな緑色でつやと張りがあり、がくがしっかりしていて、先端のひげが白っぽくピンとしているものを選ぶ。また、やわらかいさやを食べるものなので、中の豆が育ちすぎていないものを選ぶ。

◯**保存**

保存容器に煮汁ごと入れ、冷蔵で3日ほど。

《材料》作りやすい分量

絹さや…20枚ほど
煮汁
- だし…100㎖
- みりん…大さじ½
- 塩…小さじ¼

《作り方》

[筋を取る]

① 絹さやはへたを切り揃える。

② 湾曲側の筋をへたの方からゆっくりと下に引っ張って取り除く。先端の白いひげ部分は残す。直線側の筋は取らない。

[下ゆで]

③ 鍋にたっぷり湯を沸かして塩少々（分量外）を加え、**2**を下ゆでする。

④ 緑色が鮮やかになったら水に取って色止めし、ざるに上げて水気をきる。

[煮る]

⑤ 鍋に煮汁を煮立て、**4**を加えて強火で30秒ほど煮る。

⑥ すぐに火から下ろし、鍋底を氷水に浸けて急冷する。

⑦ 完全に冷めたら、そのままおいて味を含ませる。

覚書き

筋を取る
- 絹さやの長さが揃うようにへたを切る。
- 筋は一気にスッと引っ張るのではなく、ゆっくりスーッと引く。
- 途中で切れてしまうこともあるので、切れたらそこからやり直す。
- 直線側の筋取りをすると、煮ている間に皮がはじけて豆が出てきてしまうことがあるので、湾曲側の筋だけ取る。

煮る
- 余熱で火が入って緑色があせないように急冷する。

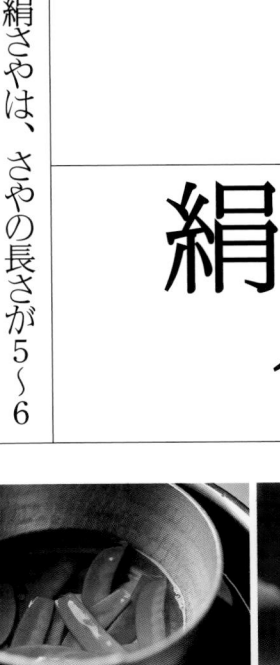

いり鶏

縁起のよい根菜に鶏肉を加え、油で炒めてから煮る、こっくり味の煮物。ひとつの鍋で一緒に煮上げるので、煮しめよりも手軽に作れる。

○保存
絹さやは別にし、保存容器に入れて乾燥しないように表面をラップで覆い、冷蔵で4日ほど。

《材料》作りやすい分量
鶏もも肉…1枚（300g）
干ししいたけ（どんこなど肉厚のもの）…5枚
ごぼう…½本
れんこん…100g（細めの1節）
にんじん…½本
こんにゃく…½枚（130g）
絹さや…6枚
水（干ししいたけ用）…400㎖
塩（下ゆで用）…少々
A
砂糖…大さじ2
みりん…大さじ2
酒…大さじ2
薄口しょうゆ…大さじ2½
サラダ油…大さじ1

《作り方》
［下ごしらえ］
① 干ししいたけは軽く洗って汚れを落とし、ポリ袋に入れて分量の水を注ぎ、空気を抜いて口をしっかり縛り、冷蔵庫でひと晩（最低でも5〜6時間）おいてやわらかく戻す。軸を落として水気を絞り、半分に切る。戻し汁は水を足して400㎖にする。
② ごぼうは皮を包丁の背でこそげ、れんこんは厚めに皮をむき、それぞれ大きめの乱切りにし、水にさらしてアクを抜く。
③ にんじんは大きめの乱切りにする。
④ こんにゃくは手でひと口大にちぎり、熱湯で2分ほど下ゆでする。
⑤ 絹さやはへたと湾曲側の筋を取り除き、塩を入れた熱湯で色よくゆでて水に取る。冷めたら斜め半分に切る。
⑥ 鶏肉は余分な皮を切り取り、脂肪を取り除き、ひと口大に切る。
［炒める］
⑦ 鍋にサラダ油を熱し、鶏肉を皮目から焼く。焼き色がついたら裏返し、戻し汁以外の1〜4を加え、全体に油が回るまで炒め合わせる。
［煮る］
⑧ 1の干ししいたけの戻し汁とAを加え、強火で煮る。煮立ったらアクを除き、落とし蓋をして弱めの中火で5分ほど煮る。薄口しょうゆを加え、さらに10分ほど煮る。
⑨ 落とし蓋を取って強火にし、ときどき鍋を大きく揺すって煮汁を具材にからめながら（鍋返し）、煮汁がほとんどなくなって照りが出てくるまで煮詰める。
⑩ 火から下ろし、そのまま冷まして味を含ませる。絹さやは、盛りつけるときに飾る。

覚書き
下ごしらえ
● 干ししいたけの戻し汁が400㎖なければ、水を足す。
煮る
● 具材が崩れるので、木べらや菜箸で必要以上に混ぜないこと。煮上がりぎわに強火にして汁気がほとんどなくなってくるまでほぼ触らずに煮る。
● 鍋返しをしながら煮汁を完全に煮詰め、照りを出す。

香ばしい焼き色は旨みの素。

あせらず触らず静かに煮る。

火を強め、汁気がなくなるまで煮詰める。

参の重　煮物
こんな一品も

鶏丸の煮しめ

日本では古来、始まりも終わりもない「丸」を無限や永遠を表す縁起物としてきた。また、丸は円とも表現されることから、円と縁をかけて良縁を引き寄せてくれるとも考えられている。旨みの濃い鶏丸は、煮しめに加えても美味。

コトコト煮て、芯まで味を含ませる。

鶏の脂を除き、すっきりとした味わいに。

◯保存
保存容器に煮汁ごと入れ、冷蔵で3日ほど。

《材料》作りやすい分量
鶏ひき肉…400g
A
- 酒…大さじ2
- しょうが汁…小さじ1
- 塩…小さじ1/3

卵…1個
片栗粉…大さじ2
煮汁
- だし…400㎖
- みりん…大さじ2
- 薄口しょうゆ…大さじ2
- 酒…大さじ1

《作り方》
［肉だねを作る］
① ボウルに鶏ひき肉とAを入れ、手で粘りが出るまでよく練り混ぜる。
② 卵と片栗粉を加え、ムラなく練り混ぜる。

［下ゆで］
③ 鍋にたっぷりの湯を沸かす。2を適量手に取り、親指と人差し指の間から直径3㎝ほどの大きさに絞り出し、水でぬらしたスプーンですくって湯に落とす。残りの肉だねも同様にして湯に落とし、表面が白く固まるまで2分ほどゆでる。
④ ゆで上がったものからざるに上げ、水気をきる。

［煮る］
⑤ 鍋に煮汁を煮立て、4を加えて落とし蓋をし、弱めの中火でアクを取りながら15分ほど煮る。
⑥ 煮上がったら煮汁ごと保存容器に移し、そのまま冷ます。完全に冷めたら冷蔵庫にひと晩おいて味を含ませ、翌朝表面に浮いた黄色い脂を取り除く。

参の重　煮物
こんな一品も

ゆり根の含め煮

幾重にも重なる鱗片から、「歳を重ねる」「子孫繁栄」の縁起物として使われるゆり根。ほくほくとした食感と、ほのかな甘みと苦みを生かした含め煮は、おせちの定番。

花びらのような形を崩さないように煮る。

◯ゆり根の選び方

色が白く、鱗片に張りがあってしっかり重なり合い、全体が締まっているものを選ぶ。黒ずみや傷があるもの、しなびているものは避ける。紫色の部分は苦い場合がある。おがくずの中に入った状態なら、そのままで2～3か月は鮮度が保たれる。

◯保存

保存容器に煮汁ごと入れ、冷蔵で3日ほど。

《材料》作りやすい分量

ゆり根…1個（約160g）
煮汁
- だし…200㎖
- 砂糖…大さじ1½
- 塩…小さじ½

《作り方》

［下ごしらえ］
① ゆり根はおがくずを洗い流して鱗片を1かけずつはがし、変色したり、汚れている部分を包丁でそぎ取る。大きいものは半分から3等分に切る。

［煮る］
② 鍋に煮汁の材料を入れて中火にかける。煮立ったら**1**を加え、弱火にして5分ほど煮る。煮上がったら火から下ろし、そのまま冷まして味を含ませる。

覚書き

下ごしらえ
- 大きさは、内側の形がきれいな鱗片に揃える。または、外側の大きな鱗片はむいてしまい、内側の形の揃ったものだけを使う。はがした外側は、「ゆり根きんとん」（P.46）などに使うとよい。

煮る
- 火が通りやすいので、煮すぎないように注意する。

お重に詰める

お正月を祝うための縁起のよい料理を詰め合わせる重詰めは、彩りよく美しく、なによりも新しい年を迎える喜びが表れるように詰めたいものです。

おせちをお重に詰めるのは、「福を重ねる」ため。縁起物の食材を用いたごちそうがたっぷり詰まったお重を重ねることで、「めでたさを重ねる」という願いを表します。

日本料理の五味（甘・酸・辛・苦・鹹《しおけ》）、五色（白・黄・赤・青・黒）、五法（生・煮る・焼く・揚げる・蒸す）をすべて盛り込むおせちは、多くの食材があって詰めるのが難しそうに感じるかもしれません。けれど、重詰めには難しいルールやしきたりなどはありません。必要なのは、形を崩さないようにする、味や香り、色が互いに移らないようにするなどの心遣いと工夫。詰める順番や配置、配色などポイントを押さえれば、はじめてでも美しく詰めることができます。そして、理にかなった詰め方をしていれば、空いたスペースへの補充も難なくきれいに詰め直すことができます。おせちは四段重（地域によっては五段重）に詰めるのが正式とされていますが、本書では、近年主流となっている三段重を使って、おせちのおいしさを引き立たせる重詰めの基本を紹介します。

●詰める形

おせちの詰め方には昔ながらの形があります。市松、段取り、手綱、末広などと呼ばれる詰め方のパターンは、長い年月の中でおせちを美しく、おいしく見せるために考えられてきた先人たちの知恵の結晶といえます。これらを基に、あとは色や配置のバランスに気を配れば、誰でもきれいにきちんとした重詰めができます。

［市松］

重箱の中を正方形に区切り、市松模様のように料理を詰める形。重詰めがはじめてでも比較的簡単に詰めることができる。品数の多い壱の重に向いている。

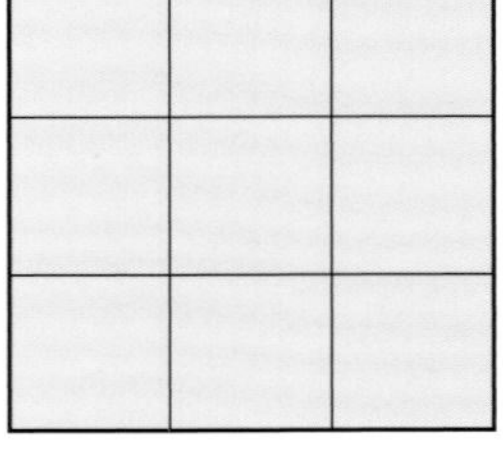

［段取り（段詰め）］

重箱の中を横または縦に何段かに仕切る方法。料理の数や詰めやすさによって段数を変えたり、段の幅を不均等に区切ったりなど、自由度の高い形。

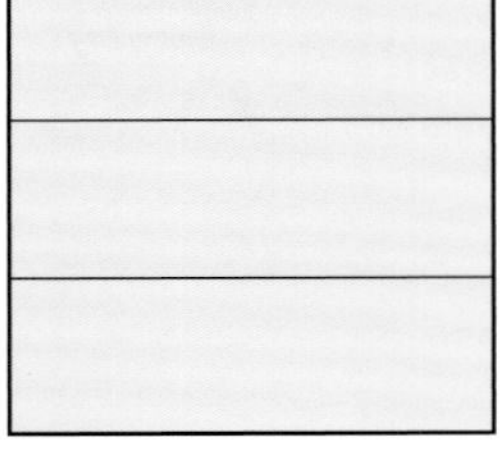

●詰め方の心得

一――どのように詰めるかを考える

お重の各段に何を詰めるかは、地域によって多少違いはありますが、壱の重は祝い肴・口取り、貳の重は焼き物・酢の物、参の重は煮物、と概ね決まっています。まずは、用意したすべての料理を詰める段ごとに仕分けし、葉物などの飾り物や器などもまとめて並べ、それらを見ながら重箱の中のレイアウトを考えましょう。その際、市松や段取りなどの伝統的な詰め方の形を基に考えるとよいでしょう。形は同じにするよりも、段ごとに変えるとあけたときの印象が異なり、全体のバランスがとれます。簡単なイラストを描いておくと、どこに何を入れるかをイメージしやすく、詰めるときも作業がスムーズに進められます。

二――しっかり冷まし、汁気はよくきる

料理は熱いまま詰めると傷みやすいので、しっかり冷まし、汁気をよく切ってから詰めます。数日前に作った煮物類などは、再加熱したものを十分に冷ましてから詰めます。きちんと冷ますことで、食材から余計な水分が出てくるのも防げます。

三――料理のサイズを重箱に合わせる

あらかじめ重箱の深さをはかり、調理の段階で長さや厚みを調整します。切り分ける際も、詰めるスペースに合わせてサイズを決めます。小さいものは重ね、高さの足りないものは上げ底をするなど工夫をし、全体の高さを揃えます。重箱の縁ぎりぎりにすると収まりがよく、見栄えもよくなります。

四――品数は奇数にする

各段のお重に詰める料理の品数は、三・五・七・九と奇数にします。2で割り切れる偶数は「割れ」「別れる」と捉えられ、新年にはふさわしくないとされています。料理の数が偶数になった場合は飾り物をあしらい、それを1品と数えて奇数にします。

五――配色を意識する

彩り豊かな料理が揃うおせちは、その色を意識することも必要です。ポイントは同系色の料理は適度に離して詰めること。例えば、伊達巻きと栗きんとん、黒豆と田作りなど、色味が近いものを隣同士で詰めてしまうと色の塊ができてしまい、全体のバランスが悪くなります。どうしても同系色の料理が隣り合ってしまう場合は、葉物を間にはさんで色を足し、メリハリをつけるとよいでしょう。

六――器や葉物で上手に仕切る

汁気のあるもの、盛った形が崩れやすいものなどは、小さな器に入れて詰めると手間なくまとまり、汁が広がり味が混ざってしまう心配もありません。葉らんや笹の葉などは、味や香り移り防止に仕切りとして使ったり、くるんと円錐に近い形に巻き、重なり部分をホチキスで留めてカップ状にして使います。

七――頭は左、紅は右

尾頭付きの田作りや鯛、えびなどは、頭を左にするのが一般的。古来、日本では左上位、左優位という思想があり、祝い事に供されることの多い尾頭付きの魚はこれに倣って頭部を左側にして盛るようになったとされています。また、箸を使って食事をする日本では、頭部が左にあった方が食べやすいという利便性の面での理由もあります。お重では頭の向きを揃えて詰めることで、見た目も整然として美しい形になります。また、縁起のよい色として祝い事に欠かせない「紅白」。この色の配置は、「右紅左白《うこうさはく》」が決まりとなります。これは古代中国の陰陽説が起源となっていて、水引結びなどにもみられるように、向かって左側を「陽」として白色や銀色などの淡い色を、右側を「陰」として赤色や金色などの濃い色を配します。おせちでは、紅白かまぼこの並びは紅色を右側にします。

八――飾り物でグレードアップ

料理を詰め終わったら、全体の彩りや配置のバランスをみながら、南天の葉や松葉、ちょろぎなどの飾り物をあしらって華やかさを演出しましょう。飾り物を添えるだけで、おせちの彩りが整い、お正月らしさがアップします。

●保存の仕方

重箱ごと冷蔵庫での保存が理想です。ただ、重箱は高さがあるので冷蔵庫内にそのスペースを確保するのはかなり難しく、また重箱が漆器の場合、温度変化などによる傷みも心配です。このような場合は、発砲スチロールやクーラーボックスに保冷剤と一緒に入れ、室温が10℃以下で日が当たらない北側の部屋などに置いておく方法がおすすめです。

●重箱の扱い方

使い終わったら、すぐにぬるま湯で洗います。洗剤は必要ありませんが、洗剤で洗う場合は、液を少し薄めてからやわらかい布やスポンジで傷つけないようにやさしく洗いましょう。蒔絵などがほどこされている場合は、ガーゼなどでそっと洗います。洗った後は、自然乾燥させるのではなく、目の細かい布で丁寧に水気を拭いてから、ひと晩おいて湿気を除きます（漆器にはほどよい湿気が必要なので、乾燥しすぎないようにする）。しまう際は、やわらかい布か紙で包み、できれば箱に入れて収納します。

［手綱（升掛け）］
重箱の中を斜めに奇数になるように仕切る。中央に色のはっきりしたものや、ボリュームのあるものを詰めるとバランスがよい。

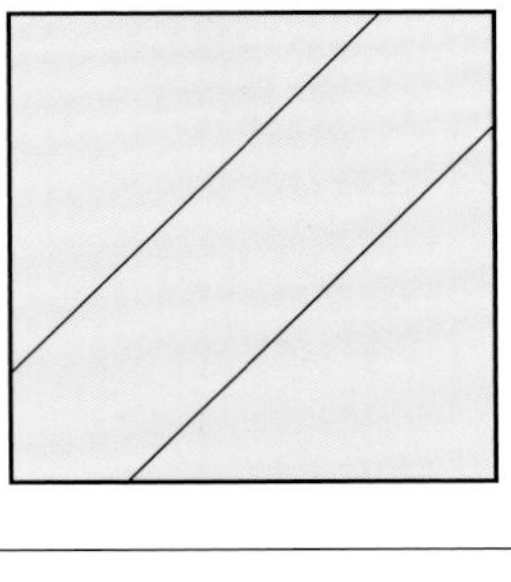

［末広］
重箱の中を斜めに奇数になるように仕切る。中央に色のはっきりしたものや、ボリュームのあるものを詰めるとバランスがよい。

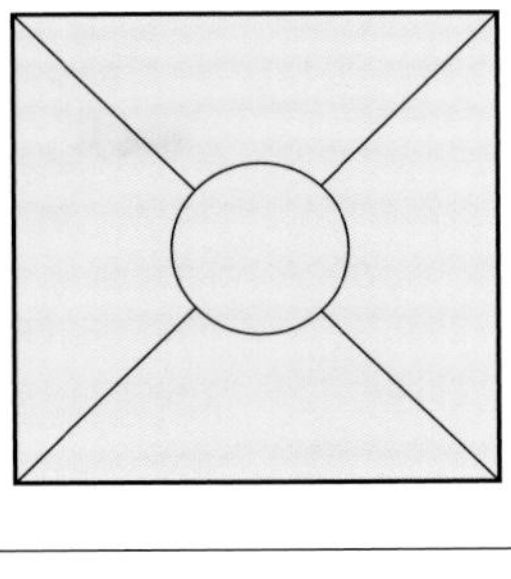

［隅切り（七宝）］
重箱の中をひし形に仕切り、四隅を三角形に使う方法。中央に色や形がはっきりした料理を詰める。品数が多い場合は中央のひし形を細かく分ける。

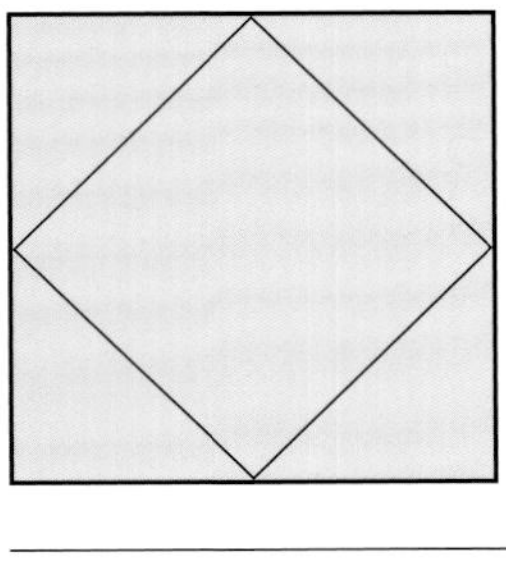

飾り物と器

縁起のよい飾り物と、お祝いの気持ちを高める器。
料理を引き立てる彩りとしてだけでなく、
抗菌作用や味移りを防ぐ役割も担ってくれます。

［たちかずら］（ひかげのかずら）

日本に古くから自生する植物。蓬莱山（伝説の山）を登る龍に見立てた縁起のよい飾り葉で、さまざまな神事にも用いられます。

［南天の葉］

「難を転じて（福となす）」の語呂合わせから、縁起物とされています。防腐にも役立ち、赤飯のあしらいなどに使われます。

［裏白《うらじろ》］

葉の表が緑色なのに対して裏が白いことから、裏表のない「清廉潔白」を表します。白い方を表にして使います。

［ひのき］

料理の下に敷く「掻敷（かいしき）」のなかでも独特の強い香りを放ちます。抗菌・防腐効果があるため、魚やキノコの敷き葉にも使われます。

［ひば］

ひのきと同じヒバ科の植物ですが、ひのきに比べて葉が大きくて華やか。抗菌・消臭効果があるため、生ものと一緒に飾るのに適しています。

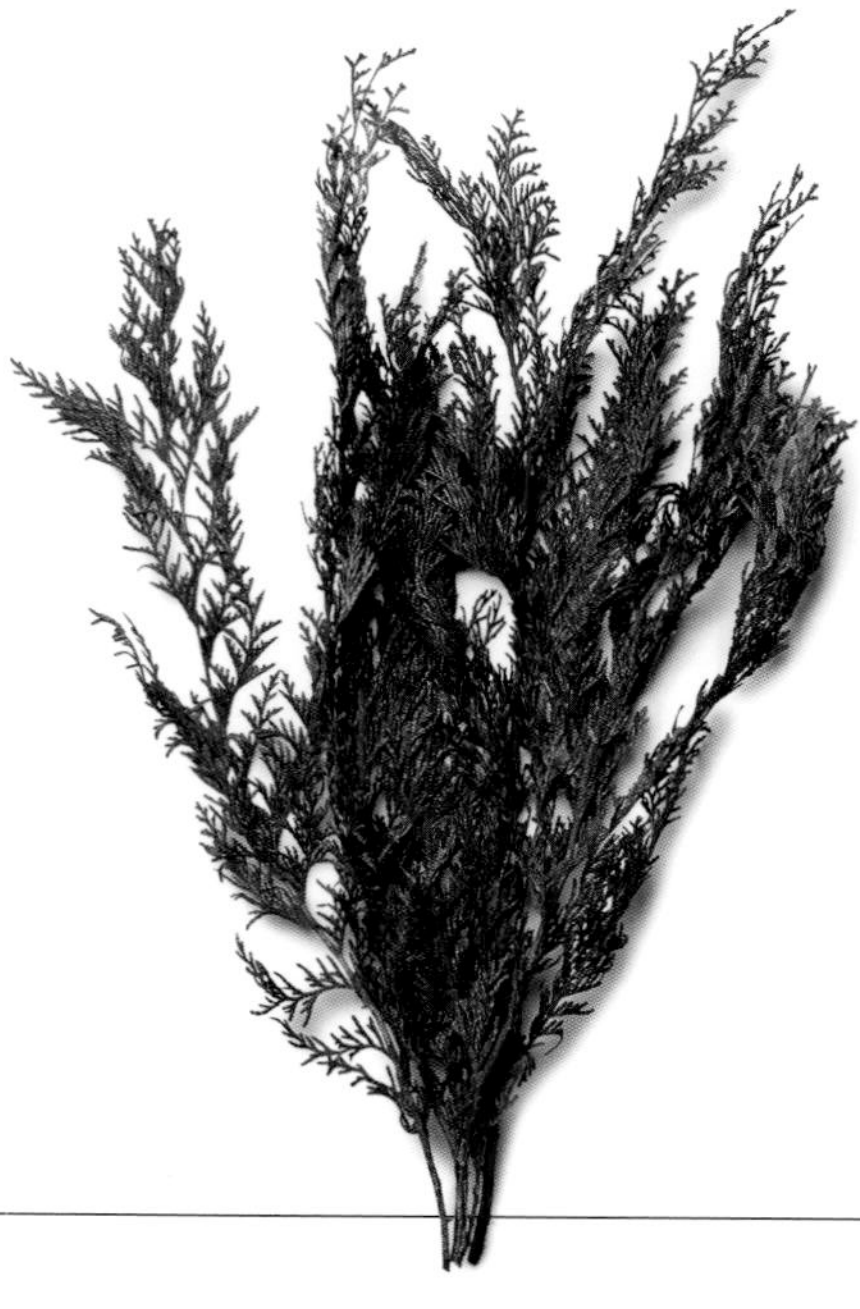

［五葉松］

「御用待つ」の語呂から「よい仕事が舞い込みますように」との願いが込められています。小さめで枝ぶりに味わいがあり、使い勝手のよさが特徴です。

[松葉]

松は樹齢千年を超えるものもあり、古くから不老長寿の象徴として用いられてきました。目に鮮やかな緑色が、料理全体を生き生きと見せてくれます。

[松葉打ち] 長い松葉は黒豆などを刺して料理に添えることもあります。小ぶりの松の枝はそのまま飾りとしてあしらいに使います。

[ゆずりは]

しっかりとした厚みと美しい形をもち、料理だけでなくお菓子の敷き葉など使い方はさまざま。新しい葉が出てから古い葉が落ちるため、無事に世代交代が叶う「譲る葉」が由来。

[竹筒]

重箱の高さに合わせてカットしたもの。容器として黒豆や酢の物など汁気のあるものを盛ります。

[つくばね]

4枚の羽（苞《ほう》）と実の姿が、羽子板の羽根に似ていることからお正月の料理のあしらいや、茶花として用いられます。

[ちょろぎ]

シソ科植物の地下茎で、千代老木、長老貴など縁起のよい漢字で表されます。梅酢やシソ酢などで赤く染めることが多く、主に黒豆の飾りに使います。

[金箔]

金の輝きは招福や幸運の象徴。料理に少しのせるだけで抜群の存在感を放ち、お正月気分を華やかに盛り上げてくれます。

[小さな器]（福の器）

お正月にふさわしい、縁起のよい「福」モチーフの陶器。重箱など塗りの器に盛り込むことで、メリハリのあるコーディネートに。

壱の重に詰める

重箱の中を9つに分割し、ひと枡を2種に分けるなどして祝い肴と口取り11種を彩りよく詰める。口取りは黄色い料理が多くなるため、飾り物で仕切るなどのひと工夫が必要。

一

重箱の底に裏白を白い裏面を上にして敷く。重箱と料理の間にすき間ができ、料理からにじみ出る汁気がそのすき間に逃げて、ほかの料理に移るのを防げる。

二

汁気がありコロコロとして盛りにくい黒豆を重箱の深さに合わせた小さな器に入れ、中央におく。さらに安定感のあるいくら柚釜を奥の角におき、全体のスペース取りを決める。

三

大きくて形の定まったものを詰める。奥の空いている角に紅白かまぼこを右紅左白に並べる。高さが足りなければ、下に数切れ敷いて重箱の高さに揃える。手前の段の左側から、昆布巻き、伊達巻きを切り口を上にして並べる。詰めるスペースが均一になるように、伊達巻き4切れを2段に重ねる。

●料理＝たたきごぼう、裏白しいたけ、黄金くわい、栗きんとん、数の子、田作り、紅白かまぼこ、黒豆、昆布巻き、いくら柚釜、伊達巻き●飾り物＝五葉松、葉らん、つくばね、南天の葉、裏白、小さな器

四

料理が左右、上下に入っている空きスペースに、量が多く、パラパラとして崩れやすいものをまとめて詰める。先に詰めた料理が壁になるので、形の不安定なものがきちっと収まる。たたきごぼうは皮側と身側を交互に並べると動きが出る。田作りは葉らんを敷いて頭を左に揃えてきれいに重ね、空きスペースの3/4ほどに詰める。

五

黒豆横のひと枡を2つに分け、黄金くわいと数の子を動きを加えて詰める。どちらも少し汁気があるので料理の下にカットした葉らんを敷き、同系色が並ぶので南天の葉で仕切る。

六

田作りと紅白かまぼこの間に裏白しいたけを田作りの向きに合わせて立てて詰める。カップ状の葉らんに栗きんとんを盛る。重箱の右側に同系色が重なるが、素材感の違いと葉で包んだり、仕切ることで塊感を軽くする。全体のバランスをみて、五葉松やつくばねをあしらう。

●［市松］を採用

貳の重に詰める

重箱の中を斜めに3分割し、形、大きさが不規則で不安定なごちそう11種を詰める。鮮やかな色や形のおもしろさ、切り口の美しさなどが伝わるように構成を考える。

一

重箱の中を葉らんで斜め3分割になるように仕切り、蒸しあわび用にカットした葉らんを敷く（すべり止めと殻が当たって重箱に傷をつけるのを防ぐため）。

二

奥左側に、牛肉の八幡巻きと竜皮巻き、いかの松笠煮を三角形のスペースを埋めるように詰める。巻き物2種は切り口を上にして並べ、竜皮巻きは2段に重ねる。どちらも色が黒っぽいので、間に白いいかを入れてメリハリをつけ、竜皮巻き側は南天の葉で仕切る。

三

奥右端に竜眼あなごを切り口を上にして重ね、横に並べる。手前に松風を少し斜めにずらしてすき間を作らないように入れる。中央にスペースを取り、その手前に竹筒に入れた紅白なますをおく。

●料理＝紅白なます、竜眼あなご、松風、牛肉の八幡巻き、いかの松笠煮、竜皮巻き、蒸しあわび、いかの黄金焼き、えびの旨煮、ぶりの漬け焼き、花れんこん ●飾り物＝南天の葉、ゆずりは、葉らん、竹筒

四

手前左隅の端から、ぶりの漬け焼きとその味を引き立てる花れんこんをセットにして、ぶりの皮目が見えるように立てて詰める。

五

大物のえびの旨煮を、手前右隅に頭を左に揃えて並べ入れ、奥のスペースにいかの黄金焼きを向きを揃えて入れる。

六

中央の葉らんを敷いたスペースに、ゆずりはをはさんで2段重ねにした蒸しあわびを盛る。

●「手綱」を採用

参の重に詰める

素材に合った煮方、味つけで仕上げられた煮しめの11種を、横3段に分けた重箱に横の流れを意識して詰めていく。単調にならないように、並べ方や向きを変えるなどして動きを出す。

一

重箱の底に裏白を白い裏面を上にして敷く。重箱と料理の間にすき間ができ、料理からにじみ出る汁気がそのすき間に逃げて、ほかの料理に移るのを防げる。

二

手前に正六角形にむいたえびいもの含め煮を、面と面をくっつけて横一列に並べる。中央の右に六方むきにした小いもの含め煮を向きを揃えずに盛る。これによって動きと立体感が出る。

三

奥左隅に高野豆腐の含め煮を重ねて縦向き入れ、右隅にごぼうの煮しめを重ねて横向きに入れる。白っぽい色が続くので、一か所に集中しないように面積の大きい高野豆腐は離す。これで四隅が決まり、あとのスペース取りがスムーズになる。

●料理＝金時にんじんの含め煮（ねじり梅・日の出にんじん）、絹さやの含め煮、れんこんの煮しめ、手綱こんにゃくの煮しめ、くわいの含め煮、しいたけの煮しめ、ごぼうの煮しめ、えびいもの含め煮、高野豆腐の含め煮、小いもの含め煮 ●飾り物＝南天の葉、裏白

四

中央のいちばん目立つ位置に、鮮やかな赤色をした金時にんじんの含め煮（日の出にんじん）を2段に重ねて縦に入れる。その奥のスペースをしいたけの煮しめで埋める。

五

空きスペースの左端に手綱こんにゃくの煮しめをねかせて重ね、その横にれんこんの煮しめを立ててきっちりと詰める。手前の空いたところにくわいの含め煮2個を詰め、その上に残りをのせる。

六

手前右端にずらして重ねた絹さやの含め煮を添え、白っぽいところにねじり梅を散らして華やかさを出す。最後に南天の葉をあしらう。

●「段取り」を採用

一段重に詰める

祝い肴三種に好みのおせちを組み合わせるひとり用の一段重。

詰める料理は各1～2点なので、スペース的には余裕たっぷり。汁気をしっかりきるなどの基本は同じ。色や形のバランスを考えて、あとは自由に楽しんでください。

祝いの料理

新年を寿ぎ、よい一年願う想いを込める。

祝いの料理

にらみ鯛

日本では「魚の王」と称される真鯛。姿・色・味の三拍子が揃い、「めでたい」の語呂合わせも重なって、慶事には欠かせない魚となっている。祝い膳の主役として供されるのが、姿そのままに焼き上げた「鯛の塩焼き」。尾頭付きであるのは、頭から尾まで欠けずに完全に揃っている。つまり、「ひとつのことを最初から最後までまっとうする」ことを表している。

関西では正月三が日、尾頭付き鯛の塩焼きを眺めるだけで箸をつけずに飾っておく「にらみ鯛」という風習がある。その名の通り、〝ただ見ている（にらんでいる）〟だけ。三が日が明けた一月四日に、温め直すなどして家族で食す。元旦から三日まで手をつけない理由には、〝神仏への供物だから〟〝三が日は鯛の縁起にあやかる〟など諸説ある。

（ にらみ鯛 ）

◯真鯛の選び方

肩から背にかけて盛り上がり、身が厚く尾に幅があり丸々と太っているものを選ぶ。新鮮な真鯛は、目が澄んでいて、体全体の色が鮮やかでコバルトブルーの斑点があり、目の上のブルーがはっきりしている。天然物は、左右に鼻の穴が2つずつあり、尾びれは弧を描くように先まで伸びている。養殖物は鼻の穴が左右1つずつで、尾は短いものが多い。

◯保存

ラップをかけて、常温で4～5日。

《材料》作りやすい分量

真鯛*（下処理したもの）…1尾（約800g）
粗塩…大さじ2
＊購入する鮮魚店で、うろこ、えら、内臓を取り除いてもらう。

《下準備》

- オーブンを220℃に予熱する。

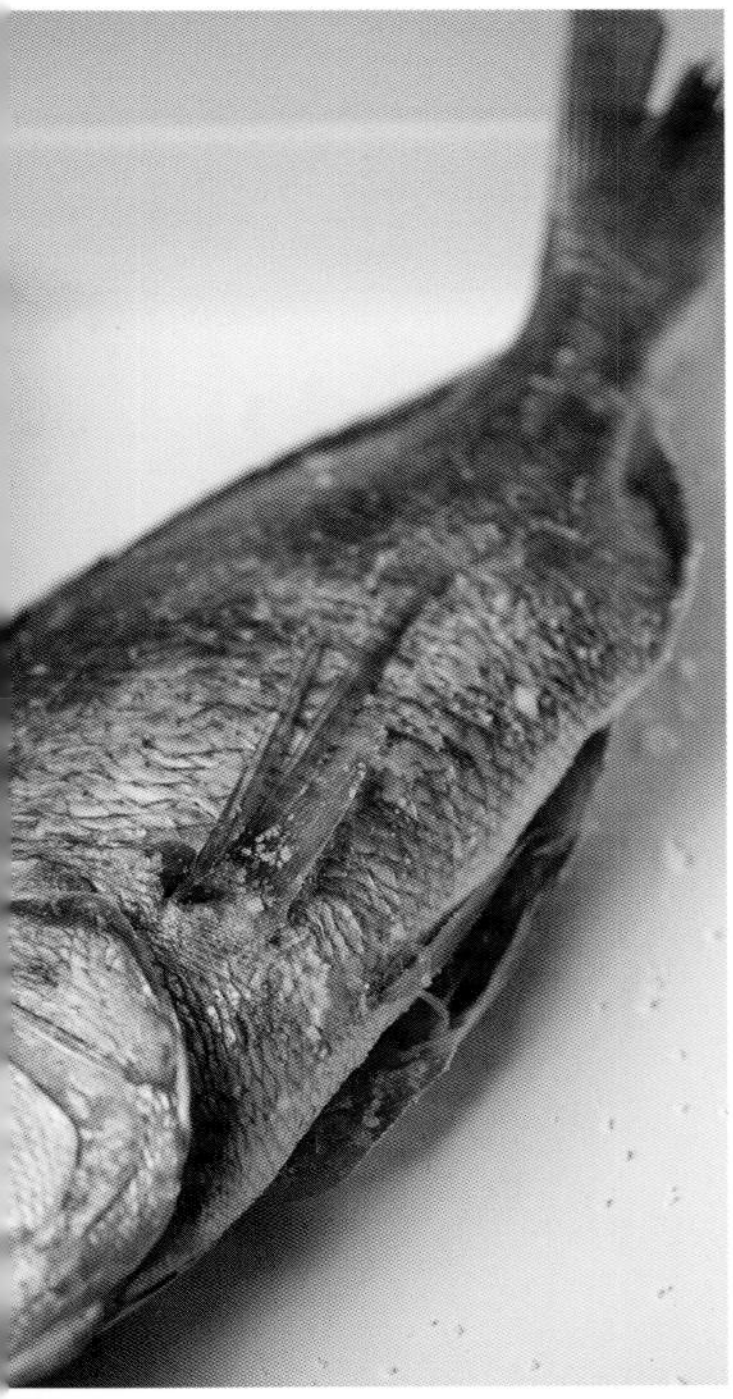

ふり塩をすると生臭みの成分を含んだ水分がにじみ出る。

鯛が泳いでいるような姿に見えるように串を打つ。

ひれを開き、塩を押しつけるようにまぶす。

塩をべったりつけて焦げ落ちを防ぐ。

盛りつけるときに裏側になる面から金串を刺す。

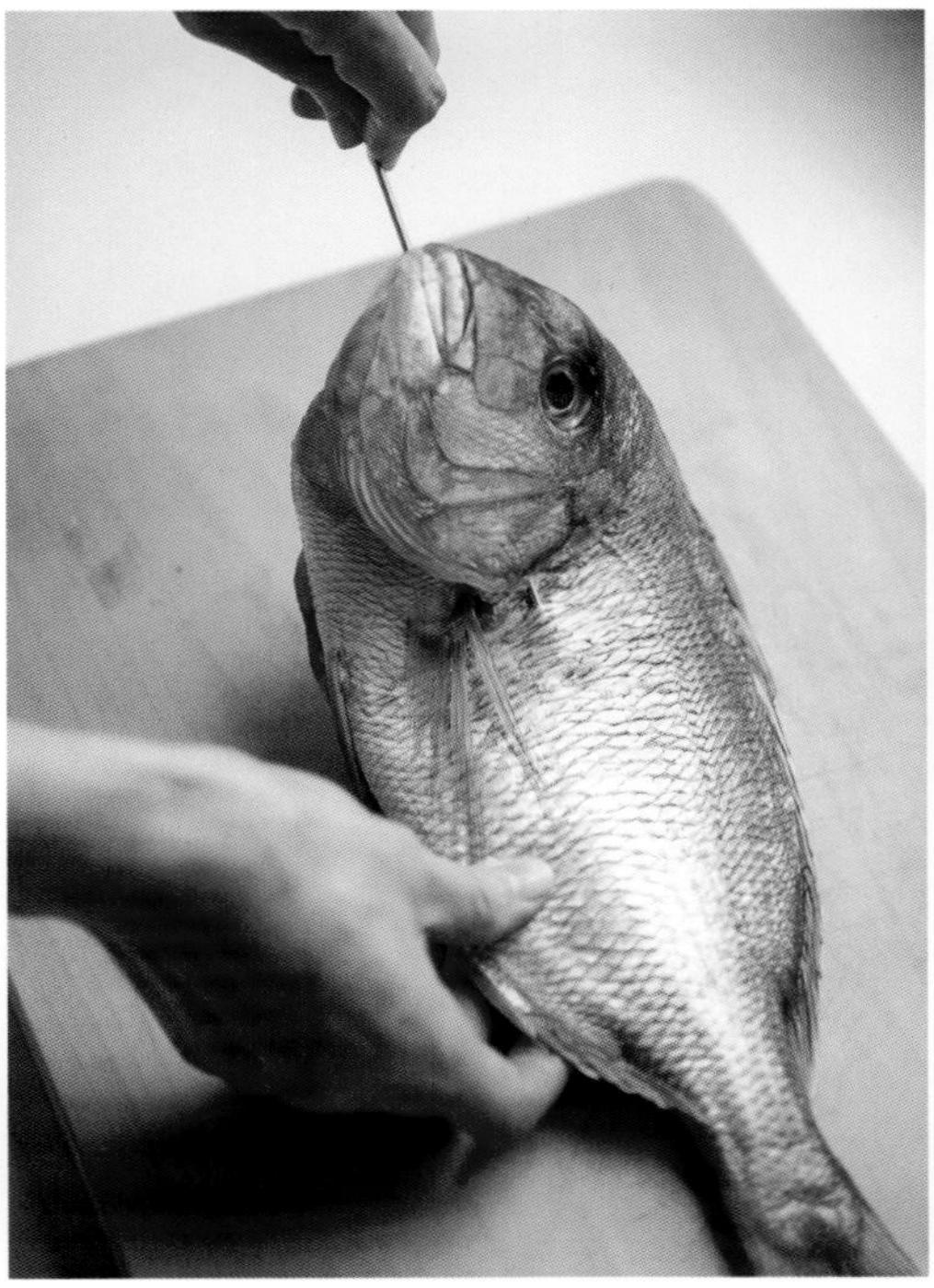

まな板に押しつけるようにして固定し、串を打つとラク。

盛りつけたときに尾びれがピンと立つように上向きに曲げる。

《作り方》

［下ごしらえ］

① ボウルに水1ℓと塩大さじ½（分量外）を合わせて薄い塩水を作り、真鯛を洗う。

② 洗い終わったら、手早くキッチンペーパーなどで全体の水気をしっかり拭き取る。

［ふり塩をする］

③ 2をバットにのせ、両面と腹の中に塩大さじ1をふってすり込む。そのまま30分ほどおき、表面に浮き出た水分を拭き取る。

［串を打つ］

④ 頭を手前、腹を左にして持ち、目の下あたりから金串（33㎝長さ）を斜めに入れ、裏側のえら蓋の上に出す。

⑤ 魚を裏返し、金串ごと頭をぐっと折り曲げながら、金串の先をえら蓋からすぐのところに突き刺す。

⑥ 魚の胴を波打たせながら、金串は外に出さず、中骨をらせん状に巻きつけるようにぐらせながら刺し進める。

⑦ 尾を、盛りつけたときに上向きになるように表側にぐっと折り曲げ、金串を裏側の尾の手前、中骨より下に出す。

［化粧塩をする］

⑧ 尾びれ、背びれ、胸びれに、塩大さじ1を指で押しつけるようにしてまぶす。

［焼く］

⑨ 天板に網を重ね、8を盛りつけるときに表側になる面（頭左腹手前）を上にしておく。

⑩ 220℃のオーブンに入れ、30分ほど焼く。途中で尾びれなどが焦げそうであれば、アルミホイルで覆う。

⑪ 焼き上がったら天板ごとオーブンから取り出し、熱いうちに金串を回しながら抜き、器に盛る。

覚書き

下ごしらえ

- 鮮魚店で下処理後に洗ってはいるが、そのまま冷蔵庫に入れるのではなく、帰ったらすぐに塩水できれいに洗う。特に、えら蓋の下、腹の中をきれいにし、残っているうろこを洗い流す。
- 背びれのトゲが刺さると危ないので、作業中は十分気をつける。
- 表面だけでなく、腹やえらの内側も丁寧に拭く。
- すぐに使わないときは、腹にキッチンペーパーを詰めて全体もキッチンペーパーで包み、ラップでくるんで冷蔵庫に入れる。

ふり塩をする

- 全体に塩をふる「ふり塩」で生臭みをとり、身を締める。

串を打つ

- 鯛が泳いでいるように串を打つ。

化粧塩をする

- ひれに塩をすり込んで焦げつきを防ぐ。この塩を「化粧塩」と呼ぶ。
- ひれのひだを広げ、押しつけるようにしてたっぷりつける。

焼く

- オーブンは機種によって加熱温度、加熱時間、焼き上がりが異なるので、表記の時間を目安に、様子を見ながら調整する。

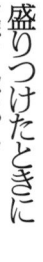

《材料》作りやすい分量
にらみ鯛（P.126）…1尾
白菜…1/8個
せり…1束
絹ごし豆腐…1丁（300g）
昆布…10㎝四方1枚
水…1200㎖
酒…大さじ2

《作り方》

［下ごしらえ］

① 焼き鯛はさっと洗って塩を落とし、水気をきる。

② 白菜は食べやすい大きさに切る。せりは根を切り落とし、6㎝長さに切る。豆腐は8等分に切る。

［鍋に仕立てる］

③ 鍋に昆布を敷いて1をのせ、分量の水と酒を加えて中火にかける。煮立ったらアクを取り、白菜、豆腐を加える。

④ 鯛が煮えて白菜に火が通ったら、せりを加えてさっと火を通し、取り分けていただく。

覚書き

鍋に仕立てる

- 味が足りなければしょうゆで調整する。
- あればゆずなどを搾るとよい。

祝いの料理

敷き鯛鍋

正月三が日にらみ合った鯛を、鍋に仕立てて食す。

京雑煮

雑煮

祝いの料理

雑煮は、年神様を迎えるために供えた餅などの食材を、元旦に神様と一緒に食べるための料理だった。餅とともにその土地でとれる里や山、海の幸が盛り込まれる雑煮は、土地の数だけ、家の数だけ種類があるといわれている。

江戸雑煮

祝いの料理

京雑煮

餅も具も角が立たず円満に過ごせるようにと願う丸い形。米麹が醸す甘みが際立つまったりとした味わいは京の雅。

まったりとしたやわらかい甘みが特徴の西京みそは、京料理に欠かせない調味料。

《材料》2人分

丸餅…2個
金時にんじん（細い部分）…3㎝
大根（細い部分）…3㎝
昆布だし…400㎖
西京みそ*…50～60g
かつお削り節（花がつお）…適量
＊京都発祥の、米麹をふんだんに使った甘口白みそ。

《作り方》

① 金時にんじん、大根は直径2～3㎝くらいの円形になるように皮をむき、薄い輪切りにする。または、薄い輪切りにして円い型で抜く。
② 鍋にだしと1を入れて中火にかけ、やわらかくなるまで煮る。
③ 別鍋に湯を沸かし、ごく弱火にして丸餅を入れ、蓋をしてやわらかくなるまでゆでる。
④ 2に西京みそを煮汁で溶いて加え、弱火で3分ほど煮て火を止める。
⑤ 椀に汁を少量入れ、4の大根1枚を椀の底に敷いて3をのせ、にんじん、大根を盛ってアツアツの汁を注ぎ、削り節をのせる。

八代将軍徳川吉宗の命名とされる小松菜は、江戸っ子の食卓を支えてきた伝統野菜。

《材料》2人分

角餅（切り餅）…2個
鶏もも肉…100g
小松菜…1茎
しいたけ…1枚
かまぼこ（紅。薄切り）…2枚
塩…少量
合わせだし（かつお昆布だし）…400㎖
A　しょうゆ…小さじ1
　塩…小さじ1/3
ゆずの皮（黄色い部分を薄くそいだもの）…適量

《作り方》

① しいたけは半分に切る。小松菜は、塩を加えた熱湯で色よくゆでて水に取り、水気を絞って5㎝長さに切る。
② 鶏もも肉は3㎝角に切る。
③ 角餅は両面をこんがりと焼く。
④ 鍋にだしを煮立て、鶏肉としいたけを加える。鶏肉に火が通ったらアクを取り、Aで調味し、小松菜とかまぼこを加えて温める。
⑤ 椀に汁を少量注いでから3、鶏肉、しいたけ、かまぼこ、小松菜を盛り、アツアツの汁を注いでゆず皮を添える。

祝いの料理

江戸雑煮

菜っ葉と鶏肉が入ることから別名「名取り（菜鶏）雑煮」。香ばしく焼いた角餅に、すまし汁ですっきり仕立てるのが江戸の粋。

祝いの料理

香川あん餅雑煮

煮干しだしに白みそ仕立ての雑煮。とろりとやわらかい丸餅からは甘～いあんこが現れる。

その昔、殿様に見つからないように餅に甘いあんを隠して食べたのが始まりとも言われている。

《材料》2人分

あん餅…2個
金時にんじん（細い部分）…3cm
大根（細い部分）…3cm
木綿豆腐…1/4丁（75g）
煮干しだし…400ml
白みそ…30～40g
青のり粉…適量

《作り方》

① 金時にんじん、大根は直径2～3cmくらいの円形になるように皮をむき、薄い輪切りにする。あるいは、薄い輪切りにして円い型で抜く。豆腐は食べやすい大きさに切る。

② 鍋にだしと1のにんじん、大根を入れて中火にかけ、やわらかくなるまで煮る。

③ 別鍋に湯を沸かし、あん餅を入れて火を止め、蓋をしてやわらかくなるまでおく。

④ 2に豆腐を加えて温め、白みそを煮汁で溶いて加える。

⑤ 椀に汁を少量入れ、4の大根1枚を椀の底に敷いて3をのせ、にんじん、大根、豆腐を盛ってアツアツの汁を注ぎ、青のり粉を散らす。

祝いの料理

出雲雑煮

具材は地元で採れる十六島（うっぷるい）のりとかつお節のみ。上品なすまし汁に磯の香りと旨みが広がる。

《材料》2人分

丸餅…2個
十六島《うっぷるい》のり…適量
合わせだし（かつお昆布だし）…400㎖
A 薄口しょうゆ…大さじ½
　塩…小さじ¼
かつお削り節…適量

《作り方》

① 鍋にだしを温め、Aで調味する。
② 別鍋に湯を沸かし、ごく弱火にして丸餅を入れ、蓋をしてやわらかくなるまでゆでる。
③ 椀に汁を少量入れてから2を加え、アツアツの汁を注いで十六島のりを裂いて入れ、削り節をのせる。

出雲の北端、日本海に突き出す十六島鼻と呼ばれる岬周辺で採集される天然の岩のり。

祝いの料理

博多雑煮

上品な焼きあごのだしで、出世魚のぶり、縁起物の勝男菜（かつおな）を入れ、華やかに仕立てるのが博多風。

かつお葉は「勝つ男」を意味するとも「かつおのように強い旨みがある」ともいわれる、博多の雑煮には欠かせない菜っ葉。飛魚を焼き干しにした焼きあごで取るだしは、雑味がなくすっきりとした上品な味わいが特徴。

《材料》2人分

丸餅…2個
ぶり（切り身）…1切れ
かつお菜…1枚
里いも…2個
にんじん（1㎝厚さ）…2切れ
干ししいたけ（小粒どんこ）…2個
かまぼこ（紅。薄切り）…2切れ
大根（薄い輪切り）…2枚
あごだし
　水…600㎖
　焼きあご…2尾
　昆布…10㎝四方1枚
　かつお削り節…10g
しょうゆ…小さじ1弱
塩…適量

《作り方》

① ぶりは半分に切り、強めに塩をふってラップで包み、冷蔵庫で2日ほどおく。

② あごだしを作る。鍋に分量の水と焼きあご、昆布を入れてひと晩おく。翌朝弱火にかけ、沸騰する直前に昆布を引き上げ、さらに4～5分煮る。削り節を加えて火を止め、削り節が沈むのを待って、厚手のキッチンペーパーを敷いたざるでこし、汁気を軽くきる。

③ 干ししいたけは軽く洗って汚れを落とし、ポリ袋に入れてひたひたの水を注ぎ、空気を抜いて口をしっかり縛り、冷蔵庫でひと晩（最低でも5～6時間）おいてやわらかく戻す。

④ 里いもは皮を六方むきにする（P.101「小いもの含め煮」作り方「六方むき」参照）。にんじんはねじり梅にする（P.97「金時にんじんの含め煮」作り方3参照）。

⑤ 鍋に湯を沸かし、かつお菜をさっとゆでて引き上げ、5㎝長さに切って水気を絞る。

⑥ 3の干ししいたけを、水気を軽く絞って軸を切り落とし、5の湯でさっとゆでる。続けて、4と大根をやわらかくなるまで下ゆでする。

⑦ 1のぶりをさっと洗って塩を落とし、沸騰した湯にくぐらせて、水気をきる。

⑧ 鍋に2を煮立て、7を入れる。ぶりに火が通ったらしょうゆと塩少々で調味し、5、6、かまぼこを加えて温める。

⑨ 別鍋に湯を沸かし、ごく弱火にして丸餅を入れ、蓋をしてやわらかくなるまでゆでる。

⑩ 椀に8の汁を少量入れ、大根1枚を椀の底に敷いて9をのせ、具材を彩りよく盛り、アツアツの汁を注ぐ。

祝いの料理

岩手・宮古 くるみ雑煮

くるみが食生活に深く根付く岩手県。三陸沿岸の宮古地域では、具だくさん雑煮にくるみだれがたっぷりかかる。

《材料》2人分

くるみだれ
- くるみ（素焼き）…100g
- 砂糖…大さじ3
- 塩…少々
- ぬるま湯…適量

角餅…2個
にんじん…5cm
ごぼう…5cm
しいたけ…2枚
こんにゃく…1/4枚（60g）
合わせだし（昆布煮干しだし）…400mℓ
A
- しょうゆ…小さじ2
- 塩…適量

みつば…2本

《作り方》

① くるみだれを作る。フライパンにくるみを入れて弱火でからいりし、すり鉢に移してよくする。ペースト状になったら砂糖、塩を加えて調味し、すり混ぜながら湯を少しずつ加えてとろりとしたかたさにする。
② にんじん、ごぼうは薄い短冊切りにし、ごぼうは水にさらす。しいたけは軸を取って薄切りにする。
③ こんにゃくは薄い短冊切りにし、2分ほど下ゆでしてアクを抜く。
④ みつばは2cm長さに切る。
⑤ 鍋にだしと2、3を入れて中火で煮る。野菜がやわらかくなったらAを加える。
⑥ 角餅は両面をこんがりと焼く。
⑦ 椀に汁を少量入れてから6と具材を盛り、アツアツの汁を注ぎ、1のくるみだれを適量かけてみつばをのせる。

おせちのあと

新年行事がひと段落する頃に関わる食の習わし事。

●七草粥

1月7日（人日《じんじつ》の節句）に春の七草を入れて食べる粥。早春にいち早く芽吹く七草は邪気を払うといわれ、これを食べて一年の無病息災を祈るようになった。ごちそうが並ぶ年末年始を過ごし疲れが出はじめた胃腸をいたわり、回復させるにはちょうどよい食べ物。

春の七草とは、せり、なずな、ごぎょう、はこべら、ほとけのざ、すずな、すずしろの若菜のこと。

［七草粥］

《材料》2人分

米…½合
水…600㎖
七草*…適量
塩…適量
＊セットで販売されているもの。好みの青菜と大根（すずな）、かぶ（なずな）などでもよい。

《作り方》

① 米は洗ってざるに上げ、30分ほどおく。
② 鍋に1、分量の水を入れて中火にかける。沸騰したら一度全体を混ぜ、鍋の蓋を少しずらしてのせ、弱火で30分ほど炊く。炊いている間は蓋を開けて混ぜないこと。
③ 七草はそれぞれさっとゆでて水に取り、水気を絞って細かく刻む。
④ 2が炊き上がったところに3を加えて軽く混ぜ、塩で調味する。

鏡開き

1月11日、年神様にお供えしていた鏡餅を下ろし、汁粉や揚げ餅などにしていただく。神の力が宿った餅を食べて無病息災を願う。鏡餅は刃物で切ることを忌み、木槌などでたたいて割るのが習わし。縁起を担いで割るではなく「開く」と表現する。

鏡餅を開くことで年神様を送り、正月にひと区切りをつける。

［揚げ餅］

《材料》作りやすい分量

鏡餅（乾燥してひび割れしたもの）…適量
塩、青のり粉…各適量
揚げ油…適量

《作り方》

① 鏡餅は木槌などで叩いて割る。割れない場合は水に一日浸けてから割り、ざるに広げて乾かす。
② 揚げ油を170℃に熱し、**1**を入れてきつね色になるまで揚げる。餅は弾けることがあるので気をつける。
③ キッチンペーパーなどに取り出して油をきり、熱いうちに塩と青のり粉をふってまぶす。

十五日粥

小正月の1月15日に、一年の邪気を払うために食べる小豆粥。小豆の赤色には邪気払いや魔除けの力があるとされる。小正月は、元旦から1月7日の「大正月」に対しての呼び名。

［小豆粥］

《材料》2人分

米…1/2合
小豆…1/4合
塩、砂糖…各適宜

《作り方》

① 米は洗ってざるに上げ、30分ほどおく。
② 小豆は洗って鍋に入れ、かぶるくらいの水を加えて強火にかける。沸騰してゆで汁が赤くなってきたらゆで汁を捨て、再びかぶるくらいの水を加えてゆでる。沸騰したら小豆が踊らない程度の火加減にしてかためにゆで、ざるにあけて小豆とゆで汁に分ける。
③ ゆで汁に水（分量外）を加えて600㎖にする。
④ 鍋に**1**、**3**を入れて中火にかける。沸騰したらゆで小豆を加えて一度全体を混ぜ、鍋の蓋を少しずらしてのせ、弱火で30分ほど炊く。
⑤ 炊き上がったら器に盛り、塩または砂糖を好みで添える。

おせち作りの準備

おせち作りに取りかかる前に、用意しておきたいものがあります。いずれも、段取りよくスムーズに調理を進めるためには欠かせないものばかり。準備万端整えて始めましょう。

●その一 ── だしを取る

おせち作りは、だしを大量に取ってからスタートします。

a

b

c

d

[だし]

《材料》でき上がり約1.8ℓ分

水…2ℓ
昆布…30～40g
かつお削り節…40g

《だしの取り方》

① 昆布は湿らせたキッチンペーパーで表面の汚れをさっと拭き取る（表面の白い粉は旨み成分なので取り除く必要はない）。鍋に入れて分量の水を加え、昆布が戻ってやわらかくなるまで1時間ほどおく。

② **1**を弱火にかけ、昆布の周りにプツプツと小さな気泡がつくくらいになったら味見をして（a）、昆布の風味がすれば昆布を引き上げる。風味があまりしなければ、沸騰しないように火加減をしてさらに5～10分煮出してから取り出す。

③ **2**を強火で沸騰させ、アクを取って水50㎖（分量外）ほど加え（b）、火を止めて削り節を一度に加える（c）。

④ 削り節が軽く沈むまで待ち、味見をして必要なら削り節を適宜追加する。

⑤ ざるに厚手のキッチンペーパー（またはガーゼ）を敷き、**4**をこす。鍋に残った削り節もざるにのせ、そのまま水分が落ちなくなるまでしばらくおいてでき上がり（d）。

●その四 ── 道具を用意する

おせちでは、裏ごし器や巻きす、流し缶など、普段の台所仕事ではなかなか登場しない調理道具を使うレシピが多数あります。ここではおせち作りで活躍する道具を紹介します。

[蒸し器]

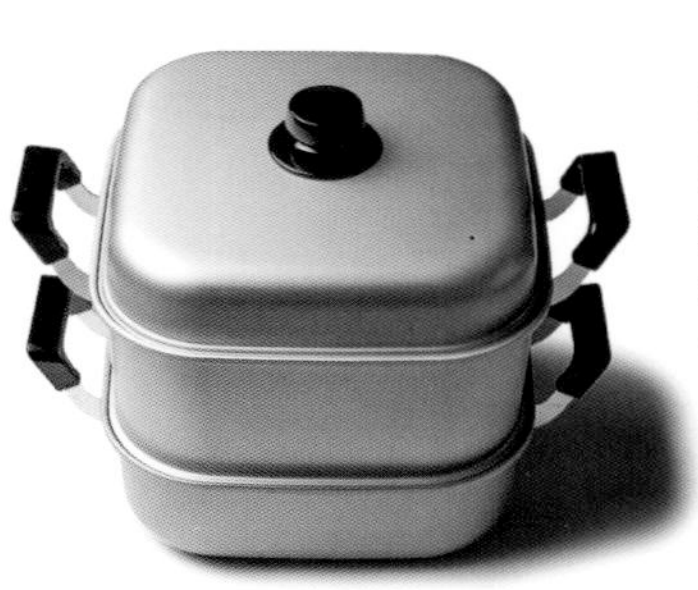

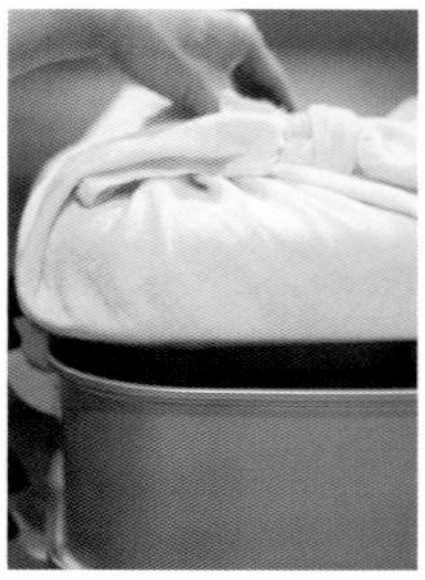

2段タイプのステンレス製角型蒸し器。複数の食材を一度に蒸せ、流し缶などもすんなり収まる。使用する際は、蓋についた水滴が料理の上に落ちないように、布巾や手ぬぐいで蓋を包む。手持ちの鍋やフライパンを蒸し器として使えるかごタイプの蒸し器も便利。

[流し缶]

寒天や水ようかん、卵豆腐などを作るステンレス製の型。酸や熱にも強く、蒸し物にも使う。外箱と「抜き板」と呼ばれる中受けの二重構造になっていて、手付きの板を持ち上げると箱の中で固めたものが簡単に取り出せる。「流し箱」ともいう。関西型は長方形、関東型は正方形となっている。

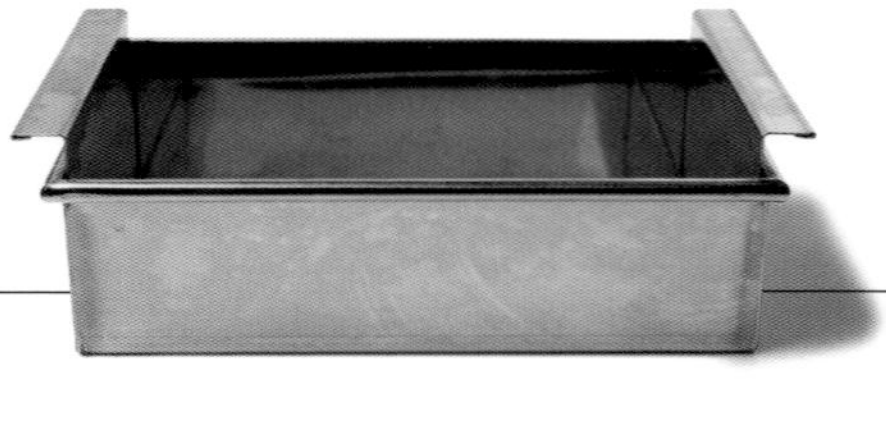

[裏ごし器]

ゆでたさつまいもや卵などを裏ごししてペースト状にする。手順は、①かたく絞ったぬれ布巾を広げ、その上にこした材料を受ける皿、ボウル、バットなどを置いて裏ごし器をセットする。②加熱して温かい状態の食材を適量のせ、木べらを使って、裏ごし器の網目に対して斜めになるように手前に引きながら裏ごしする。③途中で網目の裏側についた食材を木べらで受け皿へ落としながらこしていく。

[昆布と煮干しのだし]

《材料》でき上がり約420mℓ分

水…500mℓ
昆布…5g
煮干し…8g

《だしの取り方》

① 昆布は湿らせたキッチンペーパーで表面の汚れをさっと拭き取る。煮干しは頭とわたを取り除く。
② 鍋に分量の水と**1**を入れ、昆布が戻ってやわらかくなるまで1時間ほどおく。
③ **2**を弱火にかけ、昆布の周りにプツプツと小さな気泡がつくくらいになったら昆布を引き上げる。
④ **3**を強火で沸騰させてアクを取り、弱火にして2～3分煮出す。
⑤ ざるに厚手のキッチンペーパー（またはガーゼ）を敷き、**4**をこす。

[煮干しのだし]

《材料》でき上がり約450mℓ分

水…500mℓ
煮干し…8g

《だしの取り方》

① 煮干しは頭とわたを取り除く。
② 鍋に分量の水と**1**を入れ、30分ほどおく。
③ **2**を中火にかけ、沸騰したらアクを取り除き、そのまま軽く煮立たせながら2～3分煮出す。
④ ざるに厚手のキッチンペーパー（またはガーゼ）を敷き、**3**をこす。

● その二 ── 調味料を揃える

おせち作りには、かなりの量の調味料を使います。調理中に足りなくなって買いに走るようなことがないように、開封している調味料とは別に、しょうゆ、みりん、米酢、酒などは各1ℓ、砂糖、塩各1kg、削り節、だし用昆布各100g前後、さらに、薄口しょうゆ、いりごまなども用意しておくと安心です。

● その三 ── 消耗品を用意する

ラップ、キッチンペーパー、アルミホイル、クッキングシートといった消耗品の調理ツールも余裕があるか確認し、少ないようなら購入しておきましょう。また、保存容器や保存袋も多く必要です。少なければ買い足しておきましょう。

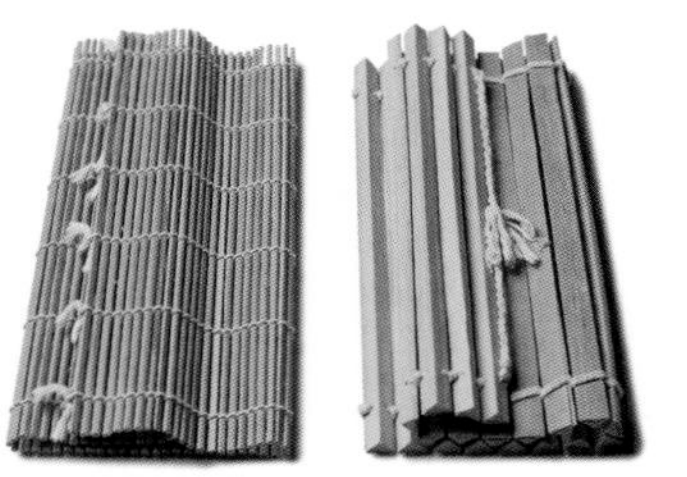

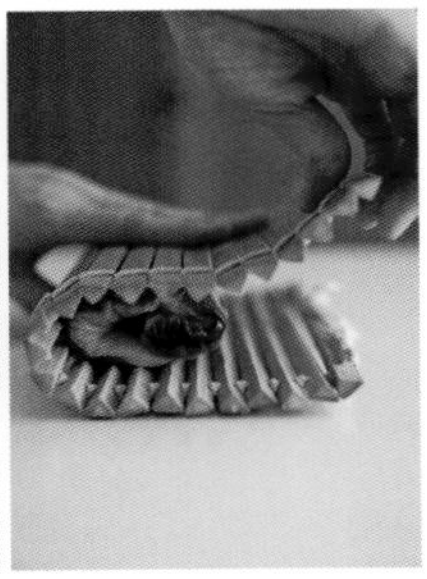

[抜き型]（野菜用）

梅や扇、円の形に抜いた、にんじん、大根。縁起のよい形は、新年を迎えたお祝いの料理に彩りを添えてくれる。ねじり梅などの飾り切りも、型抜き後に包丁で形を整えていけば、手軽に飾り切りができる。

[巻きす]

昆布巻き、伊達巻きなど巻き物の多いおせちには、巻きすを多用する。プラスチック製などもあるが、竹ひごを紐で綴った伝統的な巻きすは、適度な弾力と手応えがあり巻きやすい。使う際は竹の皮側（平らな面）を表にして、かがり糸（結び目から紐がのびている部分）を奥にして巻く。伊達巻きには「鬼すだれ」と呼ばれる巻きすを使う。表皮を残して三角形に削り出した竹ひごを綴ったもので、伊達巻きの特徴である波模様をつけるために、一般的な巻きすは皮側を内側にして巻くが、鬼すだれは三角形側を内側にして巻く。

[鍋・落とし蓋]

料理数品を同時進行で作るので、鍋類は複数必要になる。野菜の下ゆで用などに大きめの両手鍋、小回りの利く片手鍋がサイズ違いで2つあるとよい。素材は軽くて熱伝導性の高いアルミ製がおすすめ。表面に凹凸のある雪平鍋は平らな面よりも表面積が広いため熱が伝わりやすく、保温力にも優れている。煮炊き作業の多いおせちには落とし蓋は必須アイテム。鍋の口径よりひと回り小さいサイズをセットで揃える。フリーサイズのステンレス製落とし蓋も便利。

お正月の習わし事

お正月は新しい年の年神様を迎え入れてお祝いをし、たくさんの福を授かるための大切な行事。料理やしつらいなどの準備にも、意味や習わしがあります。

●門松

お正月には、年神様が家々を回って幸運を授けてくれるといわれています。門松は年神様が最初に降りてくる依代（よりしろ）であり、安息所でもあります。平安時代より「（神を）待つ」の言葉にかけて、主に松が用いられるようになりました。その後、鎌倉時代に長寿の縁起物として竹が加わり、現在の形になったそうです。門松を立てる最適日は12月27日、28日。発音が「二重苦」になる29日と、大晦日の31日は「一夜飾り」といって縁起が悪いとされています。

●注連飾り（しめかざり）

新しい藁で編んだ注連縄（しめなわ）に、橙や裏白などの縁起物を飾りつけたもの。年神様をお迎えする神聖な場所であり、神域と俗世を隔てる結界の意味があります。玄関や門口などに飾ることで、悪霊や穢れの侵入を防ぐ役割も果たします。飾るのは大掃除を済ませた12月27日、28日が最適です。

●年越しそば

大晦日に食べる年越しそばは、江戸時代に庶民の間に広まったといわれています。そばを食べるようになった理由はさまざまな説がありますが、細く長い麺であることから長寿や延命を祈願したり、ほかの麺に比べて切れやすいことから「一年の厄災や苦労を切り捨て、翌年に持ち越さない」という意味が込められています。

●年神様

新年に高い山から降りてきて家々を回り、一年を通してその家を守り、幸運をもたらしてくれる神様です。地域によって「歳徳神（としとくじん）」、「とんどさん」、「恵方神（えほうがみ）」、「大年神（おおとしのかみ）」などさまざまな呼び名があります。お正月とは、いわば年神様をお迎えし、お祝いすることに意味があるのです。

●鏡餅

年神様の依代（居場所）としてお供えするもの。餅は平安時代から神様に捧げる神聖な食べ物とされてきました。人の魂を模したことから丸い形になり、大小二つは月（陰）と日（陽）を表し、福徳（幸福と財産）を重ねる意味も込められています。三種の神器の鏡に形が似ていることから名づけられた説が有力です。三方（お供え用の台）に裏白や紙垂（しで／神聖であることを示す紙飾り）を敷き、橙を飾るのが一般的。橙は「代々家が続くこと」を願っての縁起物です。

●屠蘇（とそ）

一年の邪気を払う不老長寿の薬酒として、平安時代に中国から伝わりました。数種類の漢方生薬（山椒、防風、桔梗、肉桂など）を配合した「屠蘇散」を、大晦日の夜から酒やみりんに漬けて作ります。当初は宮中の正月行事でしたが、やがて庶民の間に広まり、元日の朝、家族の無病息災を祈って飲むようになりました。順番は年少者から年長者へと進めるのが正式。屠蘇には「悪鬼を屠（ほふ）り、魂を蘇（よみがえ）らせる」という意味があります。

（右）屠蘇散は粉末状でティーバッグのような袋入りのものが一般的。スーパーやドラッグストア、ネット通販などで手に入ります。（中）屠蘇器は三段重ねの朱塗りの盃とお銚子を組み合わせたもの。漆器のほか、磁器製や金属製もあります。（左）お銚子につける屠蘇飾り。和紙や水引の飾りなどをあしらって華やかに。

祝い肴三種

「祝い肴三種とお雑煮があれば、立派にお正月を迎えられる」といわれるほど、おせちの基本中の基本です。三種の内容は関東と関西では異なります。関東では「黒豆」「数の子」「田作り」。関西では「黒豆」「数の子」「たたきごぼう」。関西にたたきごぼうが入る理由は、京都の堀川ごぼう、大阪の高山ごぼうといった名産地があり、身近で大切な食材だからという説があります。黒豆は「健康（まめに働けるように）」、数の子は「子孫繁栄」、田作りは「五穀豊穣」、たたきごぼうは「家族や家業が土地に根付き、代々続いていくように」との願いが込められています。

祝い箸

お正月には白木の祝い箸を使います。しなやかで折れにくい柳の木が使われることが多く、白木の香りが邪気を払うと考えられています。両端が細いのは、一方を神様が使い、もう一方を自分が使うため。神様と一緒に祝い膳をいただきます。箸袋にはそれぞれ家族の名前を書き、関東では箸袋から出ている方が上になり、水引が結んである底の方を神様が使います。関西では逆で、袋の閉じてある方を上にし、下部からお箸を差し入れます。祝い箸は使い捨てにせず、三が日を通して大切に使いましょう。料理の取り分をする「取り箸」には「海山（うみやま）」と書くことが多いですが、関西（特に京都で）は「組重（くみじゅう）」と書く場合もあります。

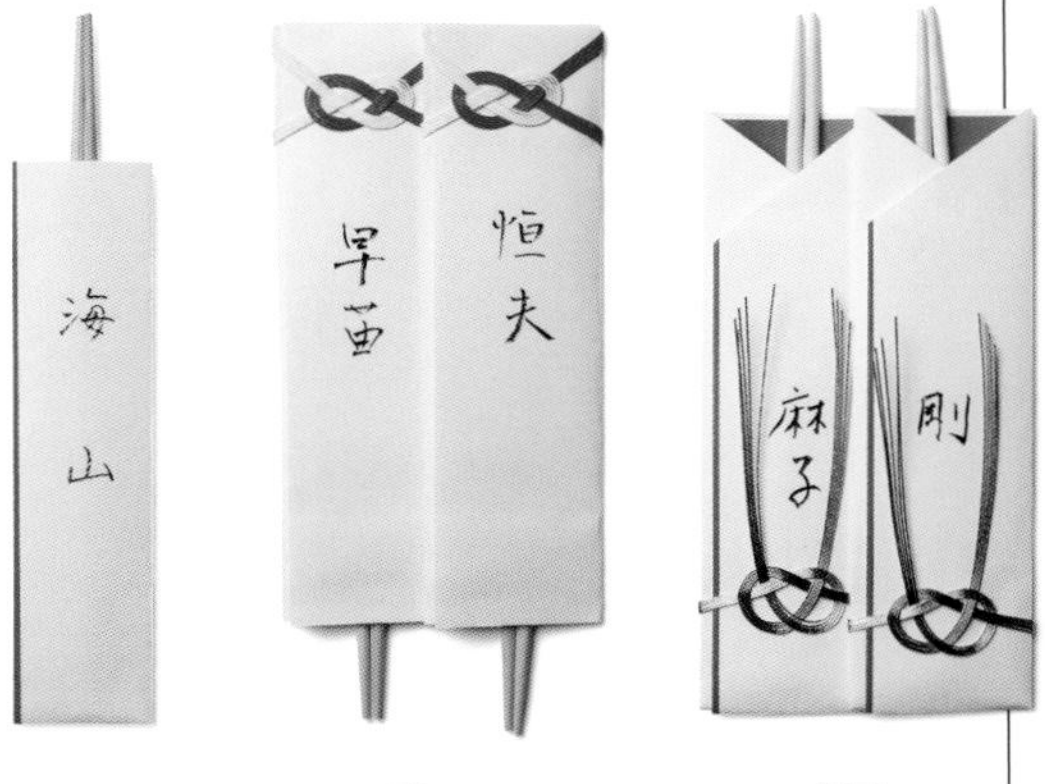

関東　関西　取り箸

雑煮

お正月に雑煮を食べる理由は諸説ありますが、大晦日に神様にお供えした餅や野菜、魚介類などを元日の朝に下げ、「お下がり」として年神様の恩恵をいただくという意味があります。旧年の収穫に感謝し、新年の豊作や家内安全を祈ります。地域によってお餅の形や具材、味つけは実にさまざまですが、関東では角餅・すまし汁、関西では丸餅・白みそ仕立てが多い傾向にあります。また、お餅はよく伸びることから長生きの象徴でもあります。

松の内

門松を飾っておく期間、つまり年神様が下界にいらっしゃる期間のことを指します。地域によって異なりますが、関東では元日〜7日、関西では元日〜15日のことが多いようです。お正月が終わり、日常に戻ることを「松の内が明ける」、「松が明ける」といいます。門松や注連飾りなどの正月飾りは松の内の終わり頃にはずし、燃やすのが習わしです。

左義長（さぎちょう）

1月15日頃に行われる火祭りで、ほかに「どんど焼き」「鬼火たき」とも呼ばれます。注連飾りや門松などを持ち寄って燃やし、その火で焼いた餅や団子を食べたり、煙を浴びることで、一年の無病息災を願います。お正月に滞在していた年神様は、この煙に乗って帰っていくといわれ、まさにお正月を締めくくる一大イベント。始まりは平安時代、束ねた青竹に毬杖（ぎちょう）という杖や扇子、短冊などを結びつけて陰陽師たちがお焚き上げを行った宮中儀式です。「さぎちょう（三毬杖）」という独特の呼び名は、毬杖を3本使うことから付けられたそうです。

鏡開き

松の内の間、鏡餅に宿っていた年神様を見送り、お供えをいただくことで、年神様が残していってくれた幸せと力を体に取り込みます。もとは武家の文化だったため、餅を分割するときは切腹をイメージさせる刃物を使わず、手や木槌で割って小さくします。さらに、「割る」という言葉も縁起が悪いため、末広がりの「開く」が使われ、「鏡開き」と呼ばれるようになりました。元来は1月20日に行われていましたが、徳川三代将軍家光の忌日が20日だったため、商家が行っていた蔵開きの日と同じ1月11日に改めたという説や、1が3つ並ぶことから験を担いだという説があります。ただし、鏡開きの日は、関西では1月15日または20日、京都は1月4日など、地方によって多少違いがあります。

小正月

元日から7日までの松の内を「大正月」と呼ぶのに対し、1月15日前後は「小正月」という呼び名があります。旧暦の1月15日は、その年最初の満月にあたり、十五日粥（小豆粥）を食べて邪気を払います。男子の「元服」が行われる日でもあったため、後に成人の日となりました。また、暮れの準備や正月の接客で忙しかった女性をねぎらうために、男性が代わりに家事をしたり、女性が実家に帰省する地域もあるそうです。

餅花

ナラやエノキ、柳などの木の枝に、紅白の餅や団子を小さく丸めてつける縁起のよい飾り物。小正月に飾ることが多いとされています。東日本では繭玉の形にしたり、藁や枝垂れ柳につけて稲穂に見立てる地域もあるそう。生花の彩りが少ない冬に重宝し、小正月が終わったあとは枝から取って焼いて食べ、その年の五穀豊穣と幸福を祈ります。

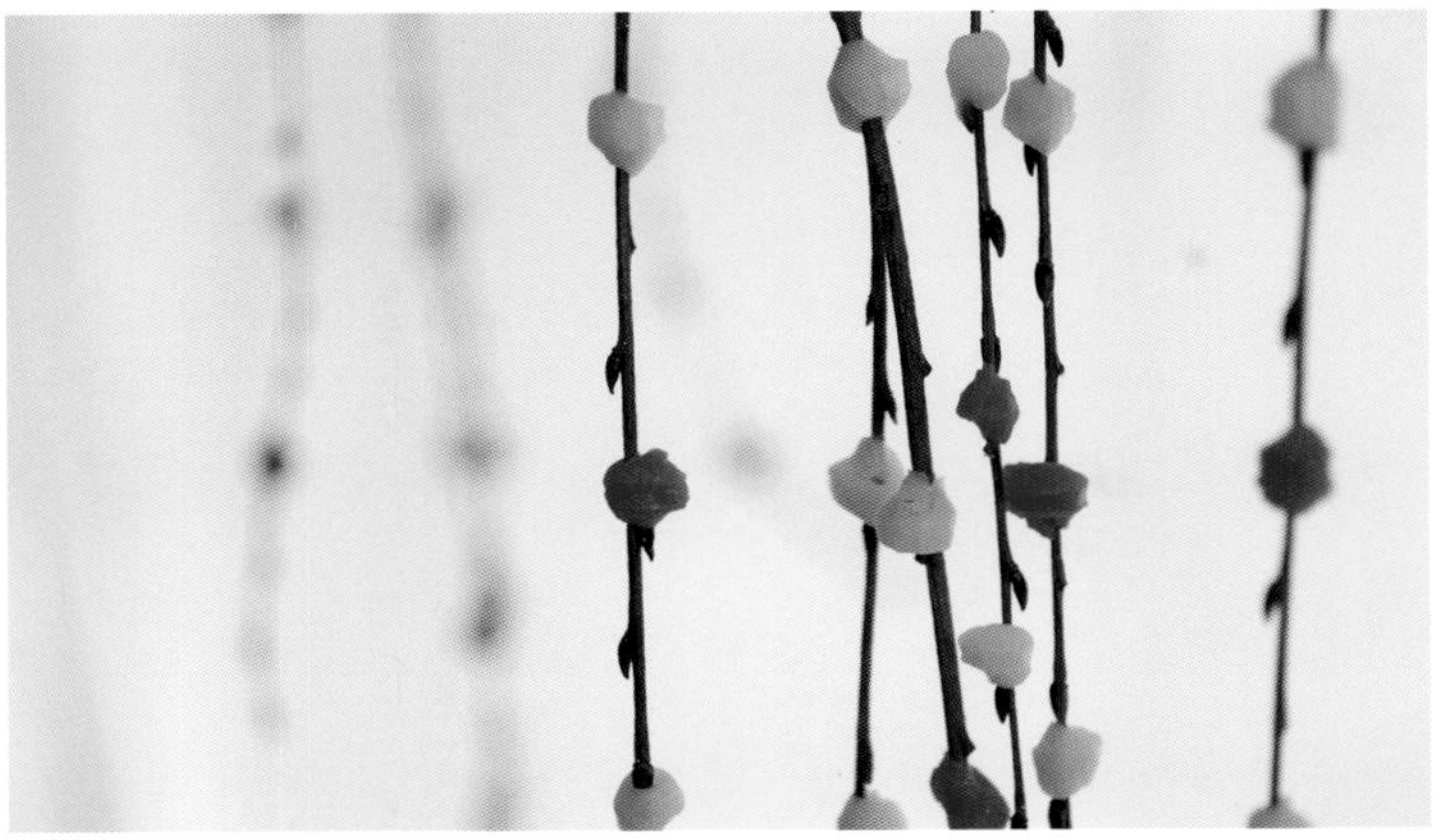

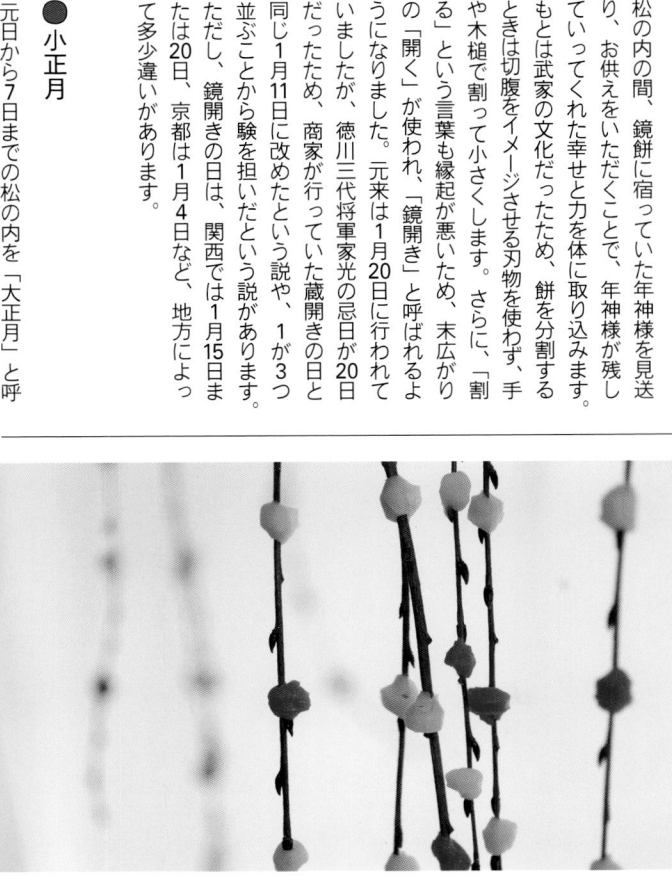

荒木典子（あらき のりこ）

料理家。国際中医薬膳師。神戸生まれ京都育ち。青果卸を営んでいた料理上手の祖母と、母の影響で食に関心を持つ。大学卒業後フランスへ留学。帰国して調理師学校で料理の基礎を学び、調理師免許を取得。その後、東京の出版社で料理書の編集に携わり、のちに料理家として独立。季節感を感じられるシンプルで丁寧なレシピは、同年代はもとより幅広い女性から多くの支持を得ている。現在は書籍やテレビの仕事を中心に、企業へのレシピ提供、料理店の監修などの仕事とともに、和食の料理教室を主宰。著書に『炊き込みごはん』（小社刊）などがある。

撮影　木村 拓
ブックデザイン　白い立体
調理アシスタント　田澤麻子　荒木麻美子
執筆アシスト　鈴木美和
校正　関根志野
構成・編集制作　関澤真紀子
企画・編集　川上裕子（成美堂出版編集部）

いちばんくわしい 基本のおせち料理

著　者　荒木典子《あらきのりこ》
発行者　深見公子
発行所　成美堂出版
〒162-8445　東京都新宿区新小川町1-7
電話(03)5206-8151　FAX(03)5206-8159
印　刷　大日本印刷株式会社

ISBN978-4-415-33242-0
落丁·乱丁などの不良本はお取り替えします
定価はカバーに表示してあります